U0058140

家有資優兒

—父母教養指南—

Help—Our Child is Gifted!

Guidelines for parents of Gifted Children

Shirley J.Kokot 著

許麗美　譯

Help—Our Child is Gifted

Guidelines for parents of gifted children

By Shirley J. Kokot

Revised edition

Published by : Radford House Publicaitons

作　者　簡　介

本書的作者秀麗・柯可蒂女士（Shirley Kokot）是位教育與心理學家，她對資優與天才兒童的複雜問題具有多年累積的豐富知識與實際經驗，目前在南非大學負責「資優兒童教育」教師訓練課程，在約翰尼斯堡創辦一所資優學校並且設立私人工作室專門幫助資優兒童與他們的父母。由於身為南非「國家資優與天才協會」（National Association for Gifted and Talented Children in South Africa, NAGTCSA）主席並且在美國加州的「世界資優與天才兒童大會」（Executive Committee of the World Council for Gifted and Talented Children）擔任祕書，作者曾經走訪許多地方與機構，足跡遠至俄國、以色列、英國、遠東與美洲。作者生長於南非，現與夫婿住在南非的 Centurion，養育三個資優孩子。她的著作尚有*Understanding giftedness: A South African perspective*與*The adventures of Whackles : Developing thinking skills in children*。

譯 者 簡 介

許麗美

台灣省高雄市人，畢業於國立政治大學公共行政系，現居美國，跟丈夫聯手經營一家電子儀器製造公司，同時擔任出版社駐美國代表，上市的譯作還有《六帽思考法》、《老師如何跟學生說話》。

作　者　序

一九八〇年代末期，南非堪稱是世界各國中最致力於提供資優兒童教育機會的國家，可惜到了九〇年代，因為南非教育部經費不足，開始嚴格限制甚至削減一些相關課程，課堂裡師生的人數比率加大，使得資優生和他們的老師遭遇更大的困難。但是，最主要的是，不了解資優的真正特性和不知道什麼樣的學生可以定為資優，這才是引起學生、家長和老師感到挫折與憂愁的真正主因。

這本書初版付梓的動機，在於解釋資優兒童所表現的一些行為，希望能夠藉此使大家更了解資優。出版問世至今五年，問題不曾間斷，新任教師（和家長）持續努力地在了解這些孩子。由於南非教育部、大學、師範學院都不曾開設特別課程傳授資優兒童教育，也未在課程中採納這方面的研究，因此一般人無法從這些機構獲得援助。

由於南非缺乏有關資優兒童教育的書籍，因此我再度坐在電腦前工作，希望所花的時間能夠幫助資優兒童。這本書誠如初版，不敢妄言涵蓋全部巨量且複雜的「資優」評量條件，只不過試著去解釋這些兒童最常遭遇的挑戰，以便師長能夠更深入的了解資優。

自初版付梓以來，我在約翰尼斯堡創辦一所資優兒童學校——樂活屋（Radford House），以此回應極度關切的家長。樂活屋裡的兒童讓我增進許多有關資優的知識。因此，謹以此版向他們致謝。

秀麗・柯可蒂（Shirley Kokot）
1999年6月

初 版 序

這本書所談的兒童，是有潛力在各自所屬的學校名列前茅，甚至將來成為改革、變法或發明的人員。我並不認為他們比別的兒童好，也不期望他們將來一定在自己的工作領域裡獨佔鰲頭，但是，我認為他們絕對能夠證明這本書的論點。

促成這本書發行有兩個原因：首先，資優兒童存在於每種文化與社會裡，而且他們之中有太多的人跟他們的父母都會感到難過與猶豫。由於遺傳的神經狀態加上其他複雜的環境因素，使得他們有潛力在他們的文化所需要與尊崇的特定領域裡出人頭地。這種潛能造成他們在某些地方與別的兒童不同，而這些不同往往導致他人的誤會和萌發傷害行為。因為家長和老師經常忙於培育「正常」的兒童，一旦遇到行為表現有些「不正常」的兒童，就不知所措了。

第二個原因來自家長、教師和兒童本身。他們希望徹底探究潛能。我曾經在無數的場合裡談論資優兒童，結束時，總覺得有許多問題沒有答覆，有許多經驗沒能分享。書本就不同了，書可以表達更多，也可以一再翻閱，何況，我有幸參與資優兒童工作，因此明白他們通常不了解自己。

這本薄冊，不敢妄稱鉅細靡遺，卻盡量提供一些資訊，説明如何評量「資優」，以及談論我輔導資優兒童與他們父母時最常見的問題，希望這本書對大家有所助益。

秀麗．柯可蒂（Shirley Kokot）

1994 年 2 月

譯者序

我的兩個女兒都在美國紐澤西州人文薈萃的博根郡長大。大女兒從小學到高中，各級學校都實行能力分班，沒有聽過資優兒童這個名詞。小女兒跟她的姐姐相差六歲，在她小學四年級時卻出現了資優班，這個班集合本市三所小學成績優異的四、五、六年級學生，每週在幾個固定的時間離開原校，由校車載往一所學校集中上課。初中時，初一（七年級）還有資優班，初二就只有能力分班，但是在初二那年必須參加甄試才能進入資優高中（美國的學制是初中兩年，高中四年）。這時全郡（約整個台北市）成績優秀的學生先呈送小學六年級到初二的成績單跟智力測驗分數申請入學、參加筆試，筆試通過後接受面試。學校一年大約錄取三百個新生，所以競爭相當激烈，這也是我家首次面臨資優的問題。

資優問題接著給我們的震撼是在美國的九一一事件時，我們居住的博根郡跟災難現場只有一河之隔，當天住家附近的各級學校都按照正常時間放學，唯獨小女兒就讀的學校（Bergen Academy School）在事故發生後不久就用校車把他們載回家，因為前些時日有人揚言要炸這所學校，理由是這所學校把郡內各市成績優秀的學生都吸走。我在這裡用「成績優秀」而不用「好學生」的說法就是這本書的論點之一。他們確實是學業資優，但是資優的種類很多，譬如證嚴法師沒有顯赫的文憑，但她的能力與貢獻卻是有目共睹的。所以揚言要炸該校的人顯然對資優缺乏了解。這些資優學校裡的孩子固然拿起數學習題就能在短時間內做完及做對，但是他們畢竟是人，何況還是個孩子，仍然有喜怒哀樂等七情六慾，遑論社會的需要多向且繁鉅，以及每個人的際遇、志趣、成長速度都各自不同。就像在西門町拉小提琴的女孩陸伊潔，她在小學四年級以前，功課是倒數幾名的；十九歲的總經理邱維濤有高明的人際手腕與非常清晰的思路，他的學業成績卻跟實際表現不相符。如果往上談王永慶、郭台銘、高清愿……等從零開始開疆拓土，而今照顧眾多家庭溫飽的商場大將或其他社會名流，就更彰顯本書作者的論斷十分中肯。

這本書吸引我的地方是提到做為資優兒童的家長，在人際關係上應該注意到什麼、如何處理手足間的問題、對他們的未來該有什麼期待，以及作者從多種角度懇切地闡釋栽培資優兒童的重要性。我相信其他的家長看完後會跟我有同感，恍然大悟原來過去的許多痛苦經歷，像小孩打從呱呱落地就很會哭，哭個不停，似乎不需要睡眠，哭鬧的程度足以讓鄰居認為你是個不稱職的母親。這一切磨人的情境只因為敏感所致，有了這一層的了解後，心情釋然，也就比較容易建立和諧的親子關係，並且知道如何照顧與引導子女。

我在拿到這本書時，曾經仔細地觀察女兒跟她的同學，事先回想、思考、核對作者所說的各個論點，如此過了數年才提筆翻譯。但願家裡有資優兒童或還在疑慮中的家長、親朋好友或一般大眾對資優有確實的全盤認識，也盼望這本書能夠減輕些許的徬徨、憂慮、猜疑與不切實際的期待。

最後，謹以誠摯的心感謝心理出版社給我機會翻譯這本書並且容許我拖延。但願作者苦心研究的成果與智慧對大家有實質的幫助。

許麗美

目　錄

GIFTED

第一章

如何知道孩子是不是資優？

為什麼你要挑選這一本書來看呢？也許是你的孩子已經被心理學家認定為「資優」，或被學校評為「聰穎非凡」；你也許正斟酌其中的含意，或甚至懷疑你會有一個資優孩子。畢竟大多數的人都把資優兒童想像成萬事精通、無所不能，讓人心中不覺浮出「天才」、「奇葩」等字彙，而你卻無法把這些字眼用在自己孩子的身上。此外，人們理所當然會認為這些佼佼者的成績單一定高分滿貫、頻頻得獎，而且獲得獎學金進入一些頂呱呱的大學就讀。

來看全部的真相！

從另一方面來說，也許你覺得自己的孩子多少有點「特殊」；或許在孩子未上學之前，你就對他的一些行為、言語、提問或技能起了疑心，也許有些親朋好友（通常是祖父母）提到孩子在某方面的能力超前，似乎可以做出其他孩子還做不到的事情。如果你隱約覺得孩子有特殊的才能，你最好試著讓他接受評量。

父母對自己孩子所做的觀察與了解大都正確。有許多家長前來找我，幾近謙卑地表示他們初次為人父母，沒有別的孩子可以讓他們拿來跟自己的孩子相比，他們需要別人的幫助，或至少有個人能夠對他們的孩子提出一些意見。依照我的經驗，這種父母的觀察有百分之九十五被證明是正確的，同時，我很高興再遇到另一個有潛能的孩子。

其他的父母前來求助，也是因為他們發現小孩難以管教，他們覺得奇怪，為什麼三歲幼兒能夠操縱他們，而且態度還顯得那麼篤定；還有許多父母被推薦來的原因是他們的孩子在學校裡飽受折難。雖然聽到一個孩子在學校裡不快樂使我內心戚然，不過，這卻使我能夠再遇到一個資優兒童。

請容我一開始就破除迷障——一般人認為資優兒童是小天使和老師的最愛。他們之中當然有很多人確實如一般人所說的優秀，他們的父母或許不用看這本書；但是，有太多的人宛如俗語所說的「圓洞卯上方木榫」般，與我們的教育體制不合，而且這兩者之間的磨擦會產生許多衝突、挫折和壓力。

學校能確認我的孩子資優嗎？

如果你認為你的孩子是個資優兒童，那麼，他的才能被學校認出的機率有多少？不幸的是，機會渺小。大部分的學校都是依靠老師的觀察和在校成績做評估，而這兩種資料都不完全準確。

有的學校仍然使用集體智力測驗來篩選資優，但是這絕不是認定資優的最佳途徑，因為資優通常源於兒童的思想，他們回答智力測驗上的問題時，答案可能和出題者所訂的「正確答案」不同，這種尋找問題確實答案的能力卻可以在個別測驗時被執行的心理學家發現。縱然集體測驗裡，有的問題設有多重答案，但是仍然顯示不了答案的品質。受試兒童的能力愈強，集體測驗顯示這方面的能力就愈弱，這種現象對有創造力的兒童尤其顯著，有創造力的兒童所具備的特殊能力讓他們找到不尋常的答案。

老師或許能發掘資優兒童，不過這跟所受的訓練、個人興趣和在特殊教育界所累積的經驗有很大的關聯。美國、英國和歐洲的研究者發現，很多的老師認不出自己班上的資優兒童。這些研究宣稱：有百分之二十五到百分之五十的資優兒童並沒有被老師推舉出來參加適當的評量。問題似乎在於大多數老師總是一廂情願地認為，行為端正、性格溫順、儀容整潔、成績優秀的學生才是資優兒童。有創造力的資優兒童很少被學校認出——除非他們的創造力表現在美術或音樂作品這種容易辨認的地方。在這種情形下，通常由美術或音樂老師負責栽培這個學生，因為級任老師無法為這個學生做出調整，讓這個學生在各方面都能顯得非常獨特。

在這種情況下，身為父母的你要負起更大的責任，你要針對子女的潛能，證實自己的疑慮。如此，你才會知道該做什麼才能符合他們的教育與情緒需要。

早期的資優跡象

列表檢定資優行為的方式並不完全準確，我並不打算在這本書裡附那種檢核表，因為除了不可靠外，還會誤導。假如一張檢核表包括個性問題如「提出許多問題」和「似乎像嬰兒一樣十分警覺」，那麼將會有許多孩子夠資格被評為資優。資優與擁有某項高能力的特質無甚關聯，卻與徵兆多寡和造成與眾不同的特質強弱有關。總之，一個聰明能幹的人（如一般大眾）和一個真正高潛能的人（即我們所稱的「天才」），兩者之間仍有一條纖細的界線存在。

我知道有很多家長在子女還十分年幼時就留意一些早期資優徵兆。所以，我在此列出一些特質，幼時顯露這些特質的兒童，經常在長大後經證實為資優。因此，這些特質可以做為智力資優的好指標。

由於資優潛能和成長快速有一定的關聯，這使我們能就同一個年齡層，把心理成長可能甚為超前的兒童和公認的「正常」兒童做一番比較。以下我舉些例子，指出判斷兒童超前的地方。

早用複合語言

語言發展快速是高潛能十分可靠的一個跡象。許多資優兒童早在他們過第一個生日之前就已經會使用語言進行溝通。

例如，多數的兩歲幼兒會說：「有一隻狗。」但一個有資優潛能的兩歲幼兒則可能說出：「院子裡有一隻棕色的狗，正在嗅我們家的花。」兩歲資優兒童所說的一整句話中平均正確使用七或八個字。因此語言超前的跡象可以從句子長度、字彙數量與用詞遣字的準確性窺見。例如，小迪一開始講話，就算長音節的字也能字正腔圓。

當然，不是所有的資優兒童都能言善道或顯得語言早熟。有個三歲幼兒就不曾使用正常語言，他都用「聲音」去溝通，他的媽媽經過好一段時間後才恍然大悟！

觀察敏銳和好奇

一個有資優潛能的孩子可能提出一連串的問題像「為什麼膠帶一邊黏，另一邊平滑？機器要怎麼設計才會在生產黏的那一部分時，不致於把機器全部黏成一團？你用膠帶時，為什麼黏的那一邊不會黏住另一邊？」

他們也會問許多「有智慧」的問題，而且是一般幼兒通常沒有興趣知道的。例如，飛機在天空飛行時，機長到機艙講話，三歲的小皮顯得憂心忡忡地問：「現在誰在開飛機？」他經常問機器如何運作，如吸塵器和自動洗衣機，還有飛機為什麼浮在天空……等等。

資優兒童也會明察秋毫，他們在相當幼小時就記得每件玩具的放置位置，而且能夠正確地歸回原位，小緹兩、三歲時就注意到房間裡最小的東西曾經被移動過。

記住許多訊息

資優兒童令父母和老師驚訝的是，他們能記得往事細節。例如，一個六歲孩子從交通博物館回來後，準確地畫出一架他所看到的飛機。

小達兩歲半時聽到「馬路如虎口」的教訓就想起六個月前所看到的遊行，還說那些人不應該在馬路上行走。三歲時，他記起自己十八個月大時所發生的一樁不曾再提過的意外事故，如「記不記得那時我從嬰兒床跌下，擦傷了這裡？」

精神專注的時間

一個具有資優潛能的一歲幼兒可以坐上五分鐘或更久，專心聆聽讀給兄、姊聽的故事，年紀較大的資優兒童會全神貫注在一本書或一個構想上，全然忘卻周遭事物，他們堅持用充分的時間去做自我挑戰的事。我清楚地記得我的兒子在大約八歲時，為了贏一場高階的電腦遊戲花上一整晚。小燕兩歲半時會在自己的房裡玩上一個小時，做自己想做的事。小傑三歲半時會跟媽媽指定要玩的積木型號，然後花上一個小時去玩。

懂得複雜概念、理解事物關聯並能客觀思考

雖然一般四歲兒童都喜歡看圖畫書裡的動物媽媽和寶寶，四歲的資優兒童大都注意到概念，例如除了動物寶寶身體比較小外，他還觀察母子的外觀有何相似之處。

如果要一班五年級的學生寫作文，描述身為窮人的處境，多數會寫：「我會餓肚子」或「我的錢不夠用」。資優兒童則可能較為客觀地看待問題，他會寫：「假如別人都不窮，窮才會是個問題；如果別人也兩袖清風，我們全部都囊空如洗，那麼物價就可能下跌。」

興趣廣泛且善變

資優兒童通常很容易對事物著迷，例如一整個月沉迷恐龍，接著下個目標變成一個完全不同的事物，如賽車。

嚴厲的批判性思考和自我批評

資優兒童不僅會評估自己，也會評估別人，他們注意到一般人的言論與作為之間有差距，父母若是食言而肥，他們就會非常的失望。不過，他們通常嚴以律己，例如，一個資優兒童才剛贏得一場游泳比賽就可能同時抱怨：「我應該加快，少說提早個一秒鐘。」

藝術方面展露特殊才華

資優兒童的父母提供一些例子，說明孩子在特殊藝術潛能，如音樂、繪畫、韻律或其他才華的早期跡象：

他在三歲時就唱得有聲有調，還獨自拍打音節。

他在一歲時就會音律準確地哼唱許多歌曲，……四歲時，我們知道他有絕佳的音感。

她三歲時從側面旁觀，把妹妹躺在搖籃裡的景象描繪成圖……五歲時，畫了一張老虎躲在森林裡的圖。

家長所提供的其他早期發展跡象還包括：

她在兩歲時就有幽默感，而且被愚弄時不會上當；她有本事扭轉乾坤，轉敗為勝。

他三歲時就能領悟前因後果及兩者之間的關係，還會推斷後續發展，假如……。

她在三歲的時候就對別人的感受和需要極度敏感，四歲時就害怕死亡……。

二歲時，她知道情況可能危險就會警告別人小心，例如當有人走近游泳池邊緣。

她從被帶進醫院交給我那一刻起就直盯著我看，醫生走入診療室後，她才稍微放鬆，目不轉睛地看著醫生繞病床，我從來沒有看過這麼警覺的孩子。

簡單地說，最常見的資優兒童特質有：

- 整個嬰兒期裡有不尋常的警覺反應
- 長時間專心
- 高活動量
- 比較不需要睡眠
- 每個階段都快速進展
- 觀察敏銳
- 極端好奇
- 記憶力佳
- 語言發展得早又優秀

- 學習力強
- 能抽象思考
- 敏感
- 完美主義
- 有高超的能力玩拼圖、迷宮或數字遊戲

入學時

很多家長提到他們的孩子上小學後，在教室裡感到無聊、表現出問題行為或變得安靜與憂鬱。事實上，家長也必須幫忙判斷剛入學的兒童是否資優，不要以為孩子一旦上學，校方會全權負責。事實絕非如此！

還有，要記得你們家那個有創造力的資優兒童雖然會出現一些我在上面所提的特質，但是有可能在許多方面跟智力型資優兒童不同。創造型資優兒童可能有的評語是：有著又野又笨的主意、想法叛經離道、嬉皮笑臉、絕不苟同、獨立思考，或可能被評為：對情緒與問題兩者都極為敏感。

創造型思考者是個多元的思考者，他們對問題尋找許多變通的辦法和不同的答案。大部分的高度資優兒童屬於這個類型，儘管他們的在校成績低於其他類型的資優兒童。至於個性方面，他們不順從老師所訂的標準也不迎合同學的期待，他們不是也不想當領導人，他們通常喜歡找尋問題。極度有創造力的兒童會顯露一些跡象，表現出幾乎不可思議的直覺——甚至超感。

再說，你們那表現叛逆的孩子可能因為學校或家庭無法激起他們的挑戰而衍生叛逆行為，他們雖然不是品學兼優，但是可能有高度的潛能。

你應該知道，雖然孩子今天在學校可能沒有脫穎而出，甚至可能敬陪末座，他們仍然可能是個資優兒童。如果你握有一些他們快速成長的紀錄，他們就有希望，假如你猜測自己的孩子具有非凡潛能，你想要找人幫忙，第一步要從學校著手；學校裡的教職人員可能認識懂得且有資格評量資優的人。其他的途徑為你家附近的師範學校或大學，這些學校人員能夠為你介紹懂得資優兒童的心理學家。

資優兒童的優、缺點

你可以從上述內容察覺資優兒童的行為表現與常人所認定的標準形象不同，事實上，有好幾次我從老師和家長的惡評才警覺到這個兒童可能資優。有時，資優是一種負擔，這些兒童擁有的特殊潛能會鬼使神差，使他們走旁門左道，令人難以接受。

表 1－1 左邊列出資優的優點，右邊列出可能的缺點，那些缺點經常可見，還確實損害特殊才能——特別是在不了解資優的學校和其他地方，因為他們沒有給予資優兒童必要的栽培。

表1－1　兩種常見特質

優點	缺點
容易學會	變得粗心、懶惰、疏忽細節、不聽指導
能夠客觀推論、一目瞭然	傾向強詞奪理、找藉口、違背現實
有質疑的態度和評判的思考技巧	沒有耐心並且批評別人；因作風不同造成同學間磨擦
能夠獨立工作、想出獨特的主意	變得孤傲、不合群、不隨和
有豐富的幽默感	可能變成別人的「痛苦」或流於尖酸刻薄
記憶力強，善於分析與歸納	不喜歡例行公事或反覆練習，不願意做完功課，容易顯得無聊
會做指定的功課，按照目標行事	固執，經常拒絕改變方向
興趣廣泛	有時會鑽牛角尖
求知若渴、處處警覺、精力旺盛	遇到不如意會困惑、輕易放棄
敏感、入神	自我意識薄弱；對評語極為敏感

資優兒童檢核表

許多非常聰明的孩子在成人認為他們有資優潛能，或甚至已明顯出現資優跡象時，還認為成人可能搞錯了。他們很難想像自己跟別人不同或特殊，有的孩子甚至覺得罪惡和緊張，因為他們以為自己多少將與世隔絕，直到被人發現！更有孩子不相信自己屬於資優，因為他們曾經因為成績不好而被罵「笨」與「懶」。由於這種資優兒童懷疑自己的天賦，希望有某種「證明」確保自己跟眾多其他的資優兒童無異，所以我列出這張檢核表。

請回答「是」或「否」：

1. 你有時認為自己在某一件事情上比其他同齡的孩子懂得多。
2. 你聽到大人在談論，你確信他們遺漏某些重點。
3. 有人曾經對你解決問題的方式或想出的點子說：「我從沒這樣想過。」
4. 你經常對朋友的嗜好感到無聊。
5. 有些事你做得比你的朋友好。
6. 你經常覺得奇怪，別人感到焦頭爛額的事，你卻覺得輕而易舉。
7. 你看到別人為一個計畫絞盡腦汁，而你一眼就看穿那個計畫徹底錯誤。
8. 你覺得學校裡有許多課很無聊，非常無聊。
9. 你曾經惹大人或專家生氣，認為你提的問題挑釁他們。
10. 你說過的話裡曾有「兩者都對」，或「那要依想法而定」。
11. 你「完全明白」別人的談話內容。
12. 你曾問：「我搞不清他真正要什麼。」

13. 曾經讓你捧腹的笑話，別人卻聽不懂。
14. 你是否喜歡靜坐思考，而且如果沒有時間思考，你會覺得難過。
15. 你喜歡自己玩，而且獨處時很少感到無聊。
16. 你喜歡跟聰明的人在一起。
17. 你喜歡課後留下跟老師討論功課或辯論觀點。
18. 你曾經懷疑牧師或法師的佈道。
19. 你曾經就一個議題推展出一套自己的理論。
20. 你有時認為你做起事來比任何人都做得好。
21. 你會設計出新花樣，如新食譜、新髮型、自己的衣裳、工藝設計等等。
22. 你曾經把一個地方學到的東西應用到另一個完全不同的地方。
23. 你喜歡嘗試新的、不同的或刺激的東西。
24. 你愛看報紙或喜歡收音機、電視裡的益智問答節目。
25. 聽完一場政治演講，你是否想得到更多的資料。
26. 你認為許多的廣告不實，把你當成傻瓜。
27. 聽完別人的談話後，你是否有時會認為「那真是笨」。
28. 你想知道機器、鐘錶、小提琴等東西怎麼運作。
29. 有時你喜歡看電視上的教育節目或當覺得節目的解釋過於簡單時，你可以詮釋得更好。
30. 你喜歡閱讀。
31. 你曾經翻閱百科全書，只因為內容有趣；你喜歡描述真實故事的書；你會在找資料時被其他有趣的相關資料吸引。

32.你曾經做白日夢，想些你可以但別人做不到的事。

33.你認為許多流行愚不可及。

34.你難以結交朋友和維持友誼，因為他們覺得你有點怪。

35.別人認為你太緊張，故意讓他們感到不舒服。

36.你認為語言有時不足以溝通想法和意見，或別人似乎無法和你溝通。

如果你的答案高達十二個「是」，你可能是資優；如果高達二十三個「是」，也可能是資優；如果「是」有二十四個或二十四個以上，那麼你一定是資優。

這些問題中有的會在下面的章節裡再稍微詳述，因此你可以繼續讀下去，不用馬上把這本書交還媽媽或爸爸。

GIFTED

第二章

何謂「資優」？

在沒有解釋「資優」和「資賦優異」這兩個用語的含意之前，實在無法開始討論資優。許多人反對這兩個用語，因為「資優」和「資賦優異」隱含：某人不勞而獲。大多數的人相信每個人都應該有機會發揮個人的全部潛能，也希望受教育時獲得優秀的成績，然而卻害怕且排斥菁英，視菁英為「資優」一詞的實體。

菁英與資優的差別

現在的社會大眾變得愈來愈注重平等與民主思想，而且不喜歡某人與生俱來就擁有特權或「口含銀匙」的論調，任何個人或團體都不應該天生就比別人優秀或高貴。為了避免這種論調，「平等」或「人者皆同」的思想受到加強，「資優」這字所指的高智力因而遭到排斥。

如果有人提出不同的看法，認為資優表示心智能力不同，就會有人挺身而出為此異議爭辯。其實，我們所認定的心智能力不同並不等於菁英，就像肯定一個球員或鋼琴家的技藝，並不表示你認為他們的技藝使他們高人一等。有的人可以因為多種因素而看起來像個菁英，如眾所周知的俊男美女、大財主、運動名將、明星等我們所確信的菁英，我們甚至會對他們產生英雄式的崇拜，並且把他們當做模範，卻依然有許許多多的人反對智力優秀的看法，縱然「資優兒童」並不意味比同校足球健將還具備菁英資格。

我個人的觀念是，民主教育的意義在於提供平等機會給各種能力階層的人，無論能力是潛在的或是明顯可見的。基於此理，「資優兒童」應擁有平等人權，可以要求適合他們特殊需要的教育與課程。

「資優」的同義字

「資優」和「資賦優異」這兩個用語很容易讓人聯想到從天上掉下來的免費贈品，而且，許多人誤認這兩個用語是指單項資優或一個層面的資優。事實上，潛能有許多層面——諸如音樂才能、運動才能、藝術才能、領導才能等。

資優這個用語似乎也暗指兩個極端，即「資優」與「非資優」。但當我們想到許多人的才華或天份在不同的領域有不同的天賦資質時，就無法接受資優這個用語。

假如人們相信「資優」這個字眼意味不勞而獲，就不會贊成給這些孩子教育資助，他們會認為為什麼要給天之驕子錦上添花！事實上，要在一個領域裡揚名是需要艱苦卓絕地奮鬥。如果你讀過一個真正成功的生活故事，你會立即領悟，資優在感覺上絕對不等於不勞而獲。

由於資優和菁英有連帶關係，導致人們避開使用資優這個用語，也許我們應該使用**才能**或**潛能**，並且標明能力的程度或冠上術語，如**特異**或**絕佳**。因此，數學能力測驗成績在最前面百分之十裡的學生，可稱為特別擅長數學推理的少年或具備數學特殊潛能的少年；至於成績在最前面百分之一、二的學生，則可稱為數學奇才。但這是一種魯莽輕率之舉，打算表達學童某科成績的含意，卻避開使用「資優」這個用語。其他可用卻比較不會導致情緒反彈的同義字有：「高能力」、「高潛能」、「高保證」或「有能力」的學童。

他們不需要任何幫助？

另一個錯誤的觀念讓我們忽視高能力學生的特殊需求是認為他們能自力更生。我常聽到的典型評語是：「他們這麼聰明，可以自己學會功課——為什麼還要老師分心，使老師沒有時間去幫助那些一直搞不懂的學生？」事實上，有許多個案研究顯示，不適當和沒有挑戰性的學校課程，加上不適宜的家庭教養與自身困頓的情緒，足以撲滅優秀潛能的火花。

這種錯誤觀念起源於一九二〇年之前，德氏（Lewis Terman）和他的同僚進行大量的研究。他的研究結果顯示，資優兒童的身體理應比其他同學更強壯與健康，而且有更好、更穩定的心理與社交能力。這個研究結果引起人們相信資優兒童善於全面調適，有足夠的能力應付一切，因此他們不需要別人的建議或任何幫助。

問題是，被選出來做研究的資優兒童都出自極有特權的中產階級，他們並不能代表全部的資優兒童，但這個研究還是產生自立自強的神話。同時，德氏的研究發現，至今這種謬誤仍然出現在許多課本裡，導致師範學院持續傳授錯誤的觀念。

這是無謂之爭嗎？

你或許會覺得奇怪，難道我們有必要為資優兒童和他們的教育起爭執嗎？我們真的需要「資優人士」嗎？我對這個問題的回答是：試想像，如果世界上沒有莫札特的音樂、米開朗基羅的美術或當今進步的醫藥，也沒有從地球開始有人類以來的所有人文科技發展——例如我用來寫這本書的電腦，世界會變成什麼樣子？我們或許因為已經擁有而不以為罕，可是，如果我們今天不栽培課堂上的青年才俊，未來將會失去什麼？想一想，此刻我們可能已經失去什麼？有的人認為社會要為本身的利益去培養優秀的人才，其他的人則認為，搜括人力是罪惡，相互扶持、共同開發我們所有的潛能才是人權。兩者的理念和意識形態可能不同，但是，有些兒童因天資聰穎而傑出的事實卻無可置喙。如果我們相應不理，這種兒童中有大部分的人會對他們的潛能茫然不知。

更簡單地說，我們並不發明資優，我們只不過在無意間發現資優兒童。同時，不論你喜不喜歡，這些兒童如果得不到愛，沒有人關照他們的需求，他們就會流離失所、鬱鬱寡歡。由此看來，我們有足夠的理由為他們請求一點時間與資助。此外，還有一個更好的理由，雖然社會名流大肆抨擊，一旦他們急需醫療照顧時，剎那間每個人都在找最頂尖、精湛的人才。

由於有太多的錯誤觀念圍繞著資優問題，所以現在有必要談論資優的確實含意與被認為「資優」的真正意義。不過在談這個問題之前，我必須先談智力測驗以及它與高潛能的關係，這是必要之舉，因為我確信很多人也用智商來衡量資優。事實上，就「評量資優」而言，你是否能在腦海裡區分智商與資優這兩個概念？眾所堅信資優等於高智商之說，近年來被嚴重質疑。如果你覺得這些內容過度偏向理論，你可以不假思索地跳過這章。但我無論如何都要把這些理論納入，因為我知道許多資優兒童的父母委實疼愛他們的孩子，他們希望盡可能地知道詳情。

我先解釋為什麼眾多焦點都集中在智商，然後試著精確地說明什麼因素形成複雜的資優特質，接下來才談有關智力資優的進一步詳情。在我們的教育體制下，大多數被認為資優的兒童都屬於智力型資優，因此，我認為這個類型最需要注意。

智商大辯論

早些年前，一般人堅信智力就是智力測驗所量出的結果，「資優」何時意謂「高智力」則無據可考。不過多年來，人們已經認為資優就是在團體或個人智力測驗時考得高分，由此定出高智力。智商被看成衡量智力與（當然包括）資優的絕對辦法，全世界至今仍然奉行這個信念。南非的學校以考試成績比照先前的智商分數（通常大約一三〇或更高）做為評量資優的基準，這種評量的辦法並不獨特。資優就是高智力，這個信念源於早先的研究，這個研究以高智商為基準去挑選實驗的目標，然後用受試者長大後的相關成就證明智力測驗是界定與評量資優的途徑。近來有人指出，多數受試者來自十分有利的背景，而且影響他們日後成敗的重要關鍵還有其他因素（我將在稍後談及），這些因素也應該納入考慮。

除了智力測驗被廣泛使用所衍生的爭議外，第二個甚至更大的爭議是智力測驗有文化上的限制。這個意思是說，那些試題對出題者而言是理所當然，但對來自不同文化的人來說卻可能有異。以南非文化語言眾多且迥異的情況來看，執行智力測驗是個非常敏感的議題。其他國家，尤其是美國，已經有人長久質疑栽培資優兒童的計畫為什麼沒有深入少數民族的文化團體，他們還大肆譴責栽培資優計畫使用智力測驗的方式招生。這個爭議開啟了去研究更合適的資優定義與更有效的評量資優辦法。

智力測驗的價值

如果智力測驗使用正確，智力測驗具有相當的價值。它確實可以量出一般智力或心理持久力，心理持久力是檢定抽象思考力的必要項目，也是高度智力工作所必備的特質。

智力測驗的結果被發現用來預測學童學業成績優劣的準確性很高。不過，在思考力強弱方面，依紀錄則無法準確預測資優潛能的實況或日後的成就。許多高智商的學童甚至在畢業之前學業一落千丈，成就相當平庸，這個事實震憾早期因智力測驗所生的信心。資優專家現在同意必須綜合許多條件才能評量資優，智力測驗只能用在評量某些特定的認知能力，或將得分跟同學相比以確定個人所擁有的程度。智力測驗無法發揮功效的項目有人際手腕、運動技能、創造力、自動自發的精神、適應力或情緒問題。

什麼是「資優」？

顯而易見，要成為傑出的資優，就不得不擁有超凡的腦力。這當然需要大量的心理能力，但也只不過表示一個人是否能勝任一些特定的工作，無法保證他能做得多好，或預估那個人會精通哪個確定領域。要知道高效能腦力的潛能，需要個人具備全部資質，加上優渥環境以及巧合的時機。科學家已經找出數種個人的屬性和外在的有利條件，但是仍然有別的因素等待調查。

資優「公式」

為了解釋資優，我首先要談一個孩子必須具備什麼要件才會顯出早期的徵兆，並且日後能夠在社會重視的活動範圍裡表現佳績。備受尊崇的美國特殊教育理論專家唐氏（Abraham Tannenbaum）形容資優的真意是「用金絲銀線般的要素為一個孩子慢工細織，才能成就真正的資優」[註1]。下面列出的數學公式顯示構成資優的最重要因素，是了解資優成就的必備要件。

$$資優 = \frac{智力因素+社會因素+機會因素}{心理因素}$$

這些因素本身就相當錯綜複雜，所以各端都需要細心條理。請注意公式中「心理因素」所在的位置（心理這個字的意思超過感覺，它包括脾氣和心情，心理構成大部分的人格）。心理因素是橫線上三個因素群裡各個因素的重要功能或元素，在每個人的的生活裡扮演舉足輕重的角色，可以視為所有奮鬥、實踐或成就的催化劑，我希望在解釋資優時強調心理層面的關鍵功能。

錯綜複雜的資優因素

上述公式裡的每一個因素，就連因素本身都呈現複雜交織狀態。可不要以為資優是件易懂的事！我接下來將逐一解釋這些因素的最重要層面。

註1：引自唐氏的著作《資優教育手冊》裡的一章 〈資優社會心理學〉（The Social Psychology of Giftedness）。Tannenbaum, A (1991). *Handbook of Gifted education.* Edited by N.Colangelo, B. A. Davis. MA: Allyn and Bacon.

智力因素

就資優來說，智力因素包括⑴卓越的一般智力和⑵特殊性向。

⑴卓越的一般智力

這是我之前所提過的單純腦力，可以稱之為「智力」，而且其中有些部分可以用智力測驗來衡量。我之所以說「部分」是因為智力並不僅是腦神經功能良好而已，這個層面或許可以用另一個連帶解釋各元素的公式來簡略說明如下：

$$\text{智力} = \frac{\text{靈敏度} + \text{技巧} + \text{內涵}}{\text{心理層面}}$$

「靈敏度」在這裡是指學習時的腦力速度或狀況，一個人的反應取決於神經系統的運作效能，靈敏度大多由個人基因決定，可以在腦結構裡找到。

「技巧」意指思考技巧，換句話說，是一個人如何運用腦力的知識，用什麼方法使腦力達到極限。這種技巧不必仰賴遺傳，可以經由心智活動學習、實施教育或用環境加以刺激，對這方面有顯著的效果。

「內涵」意指一個人有厚實的知識基礎，能夠靈活應用和擁有實際的知識是卓越思考與有效解決問題的關鍵。我們面對抉擇的時候就知道學富五車或真才實學是多麼重要。因此，我們很容易了解到豐富的知識環境對兒童有益。

心理基礎也舉足輕重，若因學童缺乏興趣、好奇或不夠敏銳就無法吸收知識，以致腦筋空白、胸無點墨，得不到知識的益處。學童如果願意付出心力、樂意動用腦筋、願意投入學習與發掘世界，智力潛能才得以發揮。

⑵特殊性向

特殊性向意指個體對一個或多個領域有勝任的能力，可以協助判定個體在某領域成功的程度。在智力測驗試圖衡量一般智力之時，性向測驗則設計來認定不同能力範圍的特殊優勢與缺失。性向測驗是舍氏（Thurstone）的研究成果，引導我們認識七種特殊才能，即：語意、推理、語文流暢、數字演算、記憶力、空間關係以及知覺速度。這些能力可能單一或多樣，多樣的特殊才能表示個體能勝任許多研究和工作領域。

個體的智力工作被認為是綜合他／她的一般智力與腦組織中現存相當數量的特殊才能合成所產生的結果。

社會因素

培養資優不能閉門造車，是需要能夠容許耕耘與收穫的環境。我所指的環境意謂構成社會情境的人際關係，也就是經由彼此交往、互相影響和被影響的人事制度，我們在這種關係裡感受世界、歷練自己。這種經驗對兒童的能力發展甚為重要，不論兒童的智慧高低或特殊才能多寡，為了使潛在的才能發展成資優，他們就必須經過培養、受鼓勵去學習和發揮至登峰造極。

兒童成長所涉及的一些人際團體中，最重要的是家庭、同儕團體、學校以及社區。為了使兒童潛能得以充分發揮，這些團體需要培養、鼓勵、驅策兒童，甚至強制逼出團體所需要與尊崇的天賦。

家庭

一個家庭的家境或社會階級跟蘊育資優天份似乎無重大關聯，但父母的鼓勵與提供機會、刺激和激發子女的潛能卻頗為重要，這包括父母給子女施加壓力（明言或暗示），要子女在校內外表現優秀的成績和熟練正確的語言，這也包括由父母資助，加強子女的校外學習機會。

許多研究顯示，有成就的成年人普遍有一個支持而有挑戰性的家庭環境。但是，這絕非永遠必然。

以家庭支持為例，研究長大後出人頭地兒童，如奧林匹克競賽的游泳選手、網球選手、交響樂團鋼琴家、雕刻家、數學家、醫療專家，發現他們的家庭跟他們共同經歷過許多下列事項：

- 家長積極鼓勵子女盡可能參與學習活動。
- 子女被期待全力以赴、善用時間、自己釐定最高表現標準。
- 家長定時檢查家庭作業，而且家規裡幾乎全部規定先做功課然後再玩耍。
- 在父母所安排的連續固定學習活動的空檔中，有短暫的時間容許閒散虛擲。

• 兒童通常在十分幼小時就被引領進入他們的專長領域，而且通常由兄姊非正式地給予啟蒙。不過，稍後改由專家傳授。

其他的研究顯示，有些高成就的個體出自離理想甚遠的家庭和情境。專制、壓抑或有虐待狂的家長有時似乎反而成了兒童摒棄悲苦家庭或發奮圖強的動機，也成為抵抗惡運的護身符。

這似乎表示我們無法為資優行為所需要的條件歸納出理想的社會環境。每個孩子都是獨特的個體，何況相似的情境會有不同的反應，父母的同一舉動可能激發一個子女開創佳績，而他的手足在此同時卻有全然不同的反應。因此，你需要明白何種壓力或家庭環境可以刺激子女的反應，使子女能夠自動融入一個可能的領域並且締造佳績。

學校

無可置疑的學校具有強大的影響力，至於資優兒童不必老師教導就會傑出的這種神話應該立刻全部去除殆盡。我們都知道有關邱吉爾、愛因斯坦、愛迪生的故事，他們沒有受制於惡劣的在校紀錄，但是有許許多多的案例讓人懷疑學童不知何故表現不佳，是否因為缺乏優質的教育。

規畫完善的課程可以挑戰高能力的學生；有同理心且誨人不倦的教師確實能夠提高學業成績與人格成長。近期的研究沒有直接針對特殊教育是否有效，而著重在某種才華的學童能夠從學校裡的什麼課程受益。

同儕團體

教室氣氛或學習風氣部分取決於每一間教室裡上課學生的素質。長久以來，氣氛是否「合適」跟同儕素質影響學童，讓他們認為學校是一個好玩的地方或是無用的處所。再者，同學們注重某種學科的態度當然也影響兒童與青少年的表現。

大多數的社會充斥「書蟲」、「書呆子」等揶揄惡言，該注意的是無論用意是善是惡，小孩子使用這種語言絕對跟學校和家庭風氣有關。因此，家長跟老師有責任鼓勵積極的態度，使學生朝向學術和文化成就，不要過度強調體能或體育活動。

機會因素

有的人一提到人生的命運或際遇等想法就三緘其口，將一個神秘而不可預測的因素引到或許可掌握的現象，所以如此嫌惡是可以理解的。可是，就是有人到達對的地點、碰到對的時間，這種事實是不容反駁的，運氣確實存在而且能夠定奪成敗。當我們把個體的發展拿來比較時，有些個案似乎除了機會外別無其他可見的因素能夠解釋個別的差異。研究不同「類型」的命與運可能被說成機會早已經過安排，不過，這種因素不在這本書的討論範圍。

案例

為了說明機會的作用，我要告訴你一個長期的研究。這個研究鎖定三十一個美術系的學生，研究者大量收集這些學生的背景、能力、個性以及他們所做的藝術創作，然後進行畢業五到六年後的追蹤調查，由此觀察早年所顯露的才華如何後續發展成箇中翹楚。結果，三十一個以前的美術系學生中，有七個不知去向，被認為放棄藝術生涯或默默無聞。二十四個有消息的學生裡，有八人放棄藝術生涯、七人只沾邊緣、其餘九人獲得不同程度的成功，或成為藝術家。

研究報告（註2）**：**

每一個藝術家的生涯與成就有許多個別的意外事故與危機從中左右，無法用集體的資料來反映——例如，一件個人私事使一個高材生從藝術領域轉向社會運動；一次家庭遷移，由一個地方搬到另一個地方，突然引起另一個藝術家的調色盤與起不協調的變化。

註2：Getzels, J.W. (1991). *Handbook of Gifted Education.* Edited by N. Colangelo, G. A. Gavis. New York: Allyn and Bacon.

顯而易見，在他們上美術學校的時期，所有能夠收集到的個別詳細資料皆無法透露日後是否輝煌騰達的訊息。成敗絕大多數端賴這些初生之犢的人生際遇，而研究者是不可能預料的。

機會因素的存在或許可以拿來解釋為什麼預測在校時學業超群比估計畢業後在職場嶄露頭角來得容易。在校時，成功的方式和條件是固定的，很少出現意外的變數。職場生涯就非常複雜迷離，時常意外橫生，可能造就陞遷良機也可能使他人無法成功。意外浮現於四方，來自經濟、社會環境、工作場所、家庭，甚至自己的身體內部。

簡單地說，可知與不可知兩者以相互依賴的方式彼此相制。沒有高潛能的真材實學即使碰上再好的鴻運也幫不了個體成就大業，換句話說，好運不當頭，就無法真正地施展滿腹的潛能。

心理因素

心理因素比較理想的術語可以說是「個人的非智力層面」，因為這樣會包括個體的特質和廣為人知的情緒。我比較喜歡用「心理」，因為這樣會一直提醒我在兒童的成長與發展上「感覺」占有重要的地位。

心理確實在資優兒童的人格成長上居於十分重要的地位。資優兒童不僅想法和他們的同學不同，感受也跟同學不一樣。資優定義裡讚美資優的心理層面為：「資優是意識更

高、感度更佳、了解和轉換知覺成為心智經驗的能力更強。」(註3)

資優兒童在面臨特別的挑戰時所顯出的心理深度和強度特質將在第四章裡討論。跟這章有關的是資優兒童的獨特心理狀況，這是資優的重大要素，為了刺激智力，不應該忽視這個層面，評量資優兒童時也不應該忽略其心理現象。

由於有太多的資優兒童出現不平衡的發展，我們可以用不同的方式評量資優。這會加強我們認識資優兒童觀察世界的方式，也能確實幫助我們了解他們的心理狀況。

資優是一種「異步發展」。智力與累積的經驗在成長時合併，產生與一般人不同質地的內在經驗與知覺。智力能量愈高，這種異步發展就愈明顯。資優兒童在這方面的獨特性使他們格外地敏感並且需要特殊類型的扶養、教導、諮商，使他們能夠快樂地成長。「異步」就資優兒童而言，意謂他們的智力、心理、生理成長速度都各不相同，換句話說，即不平衡的發展。例如，一個五歲的孩子可能有十歲的智力、六歲的體力、四歲的心理。

「異步」造成內心極為緊張，比方說，一個四歲的兒童用八歲的眼睛看一匹馬，卻不能用四歲的手指把黏土捏成八

註3：Annemarie Roeper博士於一篇報導中所述，該文名為〈How the gifted cope with their emotions〉，刊登於《*Roeper Review*》, 5 (2)1982, pp. 21－24.

歲兒童所看到的馬匹正確形狀，因此感到困頓、受挫而哭泣。

如果你記住高材生的能力受制於不同的發展速度，你會比較容易了解他們的需求（智力測驗在這裡至少有所助益，因為它能測出兒童的智力年齡，然後用這個做為數據，得知心理與智力發展之間的差距）。以小凱為例，她的智商高於一五〇，今年六歲，智力年齡卻為十歲半……。不幸的是，她像每一個高智力的兒童，是個多種發展年齡的綜合體，騎腳踏車時是六歲、彈鋼琴或玩跳棋時是十三歲、辯論時是九歲、選玩具或書本時是八歲、被要求坐姿端正時是五（或三）歲。這樣的一個孩子如何適應為普通六歲兒童所設計的課堂？（註4）

心理敏感經常被認為是資優兒童的一種特質，不過直到最近許多人還不知道強烈的情緒是成為資優的重大要素。現在，這種緊張情緒已經成為評量資優的一個條件。

達氏理論

達氏（Kazimierz Dabrowski, 1902-1980）是一位精神醫師和心理學家，強調心理在個體成長中所扮演的角色。他的理論立基於他跟資優與天才個體的接觸，正被全世界不同國

註4：引自S. Tolan於一九八九年的一篇文章〈Special problems of young highly gifted children〉，刊載在《*Understanding our Gifted*》, 1 (5), 1, 7－10。

家的研究人員擴大研究。

達氏相信資優兒童有能力自我實現和達到比他人更高的心理與道德成長。這種能力的關鍵部分是達氏所稱的「過度敏感」，現在通常簡稱為OE。這個術語譯自一個波蘭字「nad-pobudiwosc」，字意是「超可刺激」。兒童的過度敏感能力加上特殊的才華與能力成為個體的發展潛能。

過度敏感

OE被認為是兒童與生俱來的，可以看成是寬廣的資訊管道在擁有OE的兒童身上充沛暢流。OE是滋長資優與天才的心理特質，被認為是積極的，雖然OE兒童的行為表現經常被父母與老師用消極的眼光看待。

OE 可以在嬰兒身上看到，所以被認為是天生的。精神層面有五個概括界定的地方已被提出有 OE 現象，分別是：感覺、想像、求知慾、體能和感官敏度等。意思是說，這個人有無比的愛心、豐盛的求知慾、生動的想像力與無窮的精力等。這些兒童的充沛體力、感受、創造力、智力和情緒都以個別的形式存在與表達[註5]。表2−1顯示過度敏感與它的相關行為。

表2−1 過度敏感及其相關行為

過度敏感	特有的行為
心理動作	活力程度高且熱心，不凡的心理動作能力，精神飽滿、永不倦怠，傾向親自參與多項活動
感官	快速察覺與感應美的事物，對故事、電影和詩有較深的領悟與更多的吸收，對內在與外在世界的經驗感覺靈敏且開放
想像力	有幽默感、愛玩耍、直覺、富於想像、會幻想
智力	迅速洞曉因果關係，能夠面對難題，可以集中注意力，有好奇心
心理	對別人有不尋常的敏感，不尋常的心理深度與內涵，情緒十分豐富，心理成熟度高

體力充沛的兒童是個「行動客」——幹勁十足、從不倦怠、忙個不停。其他也可以察覺到這種精力過剩的表現有：言詞飛快、身手矯捷、熱心沸騰、喜歡快速的遊戲與運動、熱愛會繃緊神經的嗜好和刺激。跟他們一起生活會令人筋疲

註5：資料摘錄自美國科羅拉多州丹佛市資優兒童發展中心謝女士（Linda Silverman）所寫的文稿。

力盡，把他們放在教室裡會攪得人仰馬翻，這種類型的活力有時候會被誤判為過動症。不過，兩者有別，過動症兒童通常無法控制自己的行為，OE 兒童卻只是單純地非常好動卻帶點過動的症狀；興致來了，他們會毫無問題地集中注意力。心理動作 OE 的最初症狀之一是，嬰兒期間只需要少許的睡眠（稍後將會討論更多的過動兒與好動的資優兒童兩者間的微妙差距）。

如果一個兒童只是心理動作OE，並不能就此認為資優。要把心理動作 OE 視為可能的高潛能跡象，前提是必須有別種 OE 顯現。

感官功能的OE現象不容易了解或測量，OE意謂感官所經驗到的快樂或不快樂遭到強化。這種類型的過度敏感兒童喜歡觸摸和嗅覺、對特定的食物有強烈的喜愛、對特定的衣服或其他的東西有顯著的感覺反應。我見過一個小女孩，她拒絕穿鞋子並且堅持剪掉所有上衣、汗衫和衣服上的商標。這種 OE 的早期徵兆包括有過敏症、對噪音有強烈的反彈、尿片濕時感到非常地不舒服（哭泣）。

感官 OE 對資優兒童的影響無據可考，主要是因為難以衡量或了解它與資優兩者之間的關係。

其他三種OE就一般而言跟資優比較有關係。想像力OE當然跟幻想力與創造力有關，呈現少有的圖像構思力、鮮活的視覺記憶、彩色的夢境、愛好詩與戲劇，可以透過密切有關的想像、概念、發明、言論與寫作時所發揮的聯想與所用的隱喻來加以評量，也可以從經常分心、精神散漫、做白日夢來推斷它的存在。我們經常可以從資優青少年的表現看到想像力OE。這種OE的早期徵兆包括跟想像的朋友來往、有能力編出虛實交錯的故事，其中虛擬的部分有時似乎偏向欺騙。具有想像力 OE 的較大兒童喜歡看科學小說，愛幻想，會用快速的數據或繁瑣的細節表現自己。不過，這些兒童有時會發現他們難以用語文表達自己，因為他們常使用想像的方式思考，他們的幽默可能聽起來稀奇古怪，往壞處說，可能簡直如同一場惡夢。

智力 OE 跟智力資優特別有關，聯結著緊密與迫切的心靈活動。好奇、專心、理性思考、自我反省、喜愛閱讀、喜歡解決問題和道德考量，這全都朝向無比忙碌且活躍的精神生活，似乎是在為理解和探求未知而奮鬥。這種 OE 的早期徵兆之一是由好奇導致探討問題。例如，一個十八個月大的幼兒問：「天空是什麼？天空有多高？」一個三歲兒童問：「人怎麼呼吸？」另一個三歲兒童問：「我長大後，我還是不是我？」其他的資優兒童可能會提一般性的問題、有關地球與抽象的議題、政治、戰爭、世界和平、死亡、污染以及宇宙。

大部分的資優兒童在智力 OE 上得到高分，有智力與創造力資優的兒童尤然。這裡必須提醒，智力OE不同於智力，不是所有高智力人士都有高智慧或有高程度的智力 OE。例如，高智商的人可能在一般智力上表現優異，但是對理論性的學術或文學造詣則缺乏興趣（下節將討論智力的類型）。

最後，我們來談心理資優——或許可以說是全部 OE 中最重要的一種，因為這個層面使個體得以發揮出不同程度的人道與同情，是極少人可以達到的。這是情緒深處的內涵，如親近人群與動物的熱忱、敏感、感情移入、自我批評、恐懼、罪惡與焦慮。資優兒童很早就顯出高程度的心理 OE，家長經常指出他們對自己和別人敏感：

（甲，四歲）「是個如此敏感的孩子，也深以他的兄弟姊妹為榮。」

（乙，四歲）「胸襟坦然，而且非常誠實的說出她的感受。」

（丙，三歲半）「待己甚嚴，若是傷害到別人或犯錯則無法原諒自己。」

（丁，三歲）「愛心洋溢，不能忍受聽到別的孩子哭泣。」

（戊，五歲）「在幼稚園裡變成領袖，因為如果別的小孩在活動進行當中似乎想開溜時，他會耐心地把這個小孩帶回。」

敏感度不會隨年齡增長而遞減，資優的青少年有時還特別要克服內心的感受與超級敏感所帶來的痛苦。我將於第四章更仔細談這個非常重要的層面。

因此之故，資優兒童可能對這個層面中的一個或多個地方過度敏感。感官、心理與智力能量充沛並不全然是一種「禮物」，許多的資優兒童把它看成一種負擔。對外界的刺激開放，有時會引起超載，就如同小珍（現今的資優人士）所說：

> 超級敏感其實有甘有苦，因為每一件事情都不平淡。整個世界洋溢著相當耀眼的能量，明與暗、色與聲，驚人地交織，非常強烈，使我頭昏眼花。世界像匹五彩繽紛的織錦，色澤十分純淨。時至今日，我用自己的心眼觀察，顏色依然「毫無矯飾」。有時，我的感覺似乎被內外夾攻，逼得我躲入一個我自己營造的暗處。我把衣服從臥室衣櫃拉出來，然後豎起毯子做屏障，這樣我才能夠休息。

過度敏感的流露在性質上可能是認知的、情緒的或行為的。過度敏感滋長資優、原創力、天才，卻不一定跟高等級或高分數有關。我們最好是觀察兒童的高 OE 徵兆，並且把它視為蘊孕資優的原料。

其他常見的情緒問題

不論是否來自過度敏感，憂鬱、不安、緊張、懷恨、妒忌以及諸如此類等負面情緒，會抑制兒童的學習和施展才能，不像正向情緒有鼓舞的功效。心理功能在了解高潛能上依然是個主要的問題，學校與家庭裡最常用的用語是「動機」，因此我一定要在此一提。

動機

強烈的成功動機對資優而言是非常重要的，工作的使命感被認為是資優人士的一個確定特質。按照達氏的說法，那是一股強烈的慾望去揭發真理或化剩餘的精力為工作上的實質成果。

然而事實上，如果兒童基於任何理由而隱藏一些才華，那麼，工作使命感則會降低，以致成績不佳，甚至無法辨認兒童身上的潛能。輕微的學習問題，如注意缺失症，也可能干擾一個兒童的注意力範圍，因此，不容易認出可能是高潛能。

其他的個性因素也同樣會影響動機，例如容易衝動的兒童，難以持續做一件工作；興趣廣泛的兒童，容易分心並且一直想變動；一個有創造力的兒童，老是追逐新點子而寧願別人確實完成所有「驢子的工作」。因此，工作使命感跟過度敏感無關。工作使命感可以單獨做為一個主題來討論。

選擇的勇氣

在資優行為中占重要地位的其他心理層面還有：持續力、意志力、內控力和勇氣。內控力是一種信念，相信自己能夠影響環境並且對自我行為負責，認為自己不是一個玩偶，不願意跟隨別人的音調而舞動。

選擇發揮自我潛能必定要有勇氣，我們需要勇氣去嘗試「新的」或「可行的」辦法以解決問題、領導、取得佳績和創新。資優兒童的勇氣帶有玩樂的成份，因此他們願意把危險看成是一場遊戲，而且不致於過分投入。有些有潛能的資優兒童體會過這種情形：他們和他們的父母都十分器重他們的潛能而且極為害怕失敗。

最後，有潛能的資優兒童都應該得到幫助，建立起他們所需要的心理基礎。在不確定的情況下，有勇氣敢於不同，並且能夠為自己和社會負起責任。

資優兒童的個性特質

由於個性和心理關係密切，我似乎應該把用來評量資優的一些主要的個性特質列出來。我們並不清楚這些個性特質是資優的部分理由，還是因資優而形成。這是個學術問題，而且答案不是那麼必要。重要的是，了解多數資優兒童通常有的特質，可以幫助我們明白資優是什麼。當然，並非所有的資優兒童都會表現出全部的特質，不過多數的資優兒童會顯出這其中的許多特質：

- 頓悟
- 想要了解
- 需要精神刺激
- 完美主義
- 要求精確和合理
- 充滿幽默感
- 敏感而且容易感情移入

- 緊張
- 有毅力
- 敏銳的自我覺察
- 絕不苟同
- 質疑規則與權威
- 傾於內向

由於這些特質中，有的會對資優兒童產生心理和社會上的挑戰，我將在稍後再來談論。

自我觀念

雖然我們還沒有完全確定，自我觀念強是否就一定會傑出或有成就，我還是要把這個項目歸入心理因素。成功當然會導致更好的自我觀念，還會提高慾望，更上一層樓。可是，有關這方面的研究結果不時地顯示，在某一特別領域裡脫穎而出的資優兒童，他們的自我觀念時低時高。

統合的程度

我們可以用事實來解釋自我觀念不是一個單一的想法，而是經由自我判斷才產生，其間牽涉到許許多多人的層面，稱之為統合。譬如，我擁有每一個我的統合觀念，包括我是一個女人、女兒、妻子、母親、司機、廚子、講師、作家、游泳者、舞者、消費者等名稱，多不勝舉！我在這些層面裡，有的表現稱職，跟別人比起來可得高分；有的卻表現相當差。優劣的基準依我所屬的文化與社會而定，評審的重要性是在務求諸多層面中有多數被評為合理，不致於淪為不適當，那麼，大致上我不會對自己感到太過悲哀。評審的結果，成績優良或自我觀念高則能保護我免於徒勞無功的失敗；如果發現眾多缺失，我對自己的感覺將會截然不同，而且變得沒有膽量冒險，也不會撰寫這本書或力求成為一個講師、顧問或領袖。

因此，一個資優兒童雖然對自己的各種角色大致有低落的負面自我觀念，但仍然對他們在小領域上的表現有相當的信心，因為他們所擁有的知識使他們能夠把事情做得完善，讓他們覺得安全；但是，對其他層面的自己就可能感到不滿意。這也就是要用心了解兒童自述的重要理由，要聽他們說出有關自己跟許多活動與統合的關聯。如果自述是負面的，可能需要給予援助。

組成兒童全面自我觀念的統合據估計有：學業自我、家庭自我、生理自我、社會自我、價值自我與心靈自我。

承擔風險

第二個該注意的要點是隱藏的高自我觀念必須經過冒險行為才能夠具體化。如果一個兒童自視甚高，表現出高度的自我觀念，他應該願意承擔風險，挺身接受考驗。如果沒有這種冒險的意願，自信則是虛假或自我虛妄。

資優兒童有時不被大眾喜愛，因為他們帶著非常高的自我觀念，顯得傲慢自大。可是，如果他們不自視甚高，怎麼可能全力以赴，致力於另一項非凡的成就。

這些都是砥礪資優出現的重要因素，對證實高能力而言，沒有一個因素足以獨當一面，各個因素以特別的方式交互作用，結果反而組成種種特殊才能。

我們必須知道，特殊才能可以分成不同的資優類型或傑出的領域，因此資優不能被視為單一的能力類型，這在所有的資優人士裡時常可見。

資優的種類

在資優教育的領域裡，無數的理論家所得的研究結果已經界定出可知的資優領域、類型或種類。資優兒童大致可分成六大類型。

資優的類型

1. 展現極佳的智力潛能

智力型的資優兒童，他們的特徵是功課傑出、記憶力強及有抽象思考能力。我將於稍後談論這種智力，因為在我們的教育制度下，這種兒童特別容易被辨認出來，通常也會顯示所有「典型」的資優徵兆。

2. 對特定的學業顯出異常的態度和興趣

這類型的兒童在一個特定的學科上表現異常的能力、成績或態度，例如數學能力超強或語文傑出的學生，這類型的兒童在別的學科上或許只有中等的成績。許多人認為這種兒童是天才，不是資優。

3. 顯示非凡的創造力或潛能，可從思想或透過美術或音樂等媒介觀察到

這些兒童通常顯得思想活潑、獨立、不苟同、相信自己的想法，並且以不尋常的方式觀看世界和解決問題，同時也流露出驚人的敏感、知覺與直覺，結果造成自我面對的特別挑戰。這種類型顯然跟智力型的資優兒童有別。

4. 表現出非凡的領導潛能

這是指有能力影響他人。就兒童而言，這種情形通常在同儕團體裡運作。資優的領袖通常在早年就表現出這種特殊才華，他們有自然的權威風采，不時地展現人際處理技巧，譬如他們跟人來往時所表現的機智與領悟。這種性格有時被稱為「社交資優」，而且早在學齡前就自然流露。幼稚園老師經常可以指出這種類型的兒童，他們對別人的利益顯出格外的關懷與敏感。

5. 對表演藝術顯出不尋常的才華，包括唱歌、音樂、芭蕾舞、戲劇

這項資優可能與創造力重疊。這方面資優的兒童需要自然地表達情緒，同時經由表演或透過藝術媒介的運用去滿足他們的內在自我。他們也經常被視為高度的天才。這些學生時常提出申請，要求進入一些當代有名的芭蕾舞、藝術和戲劇學校。

6. 顯出超凡的心理動作能力，包括速度、強度、協調、柔性、控制球等

屬於這項資優的兒童通常在體育方面表現傑出，他們刷新國內紀錄，終而晉身國際大賽。這種兒童的智力都有中上程度卻不一定絕頂聰明。他們也是我國或全世界多數國家各種資優團體裡最幸運的一群。他們的才華備受愛戴，他們往往被重金網羅，通常不乏後援。

進一步看智力型資優

這個部分涉及一些學術知識，能夠幫助確實想詳細了解智力含意的人。對此沒有興趣的人可以輕鬆地跳過這個部分。不過，我覺得這樣做會有遺漏之嫌，你或許也可能從下文中發現自己的孩子屬於其中之一。

誠如之前所提，智力資優最普遍的評量辦法是用單一的

智力測驗成績去衡量一個層面的觀念。這種辦法經過後來的研究評估後，正逐漸失去優勢。耶魯大學的史登伯（Robert Sternberg）提出三種主要的智力型資優，應該足以幫助我們找出更多有潛力的高能力兒童。這三種高能力類型分別稱為分析型、綜合型、實用型。

分析型資優是有能力分解（或分析）問題，並且明白問題的實體。擁有這種能力的人會在普通的智力測驗得到優秀的成績，因為這種測驗著重分析推理。

史登伯舉出一個分析型資優兒童為例，他提到「愛麗絲」的智力測驗和學業成績都得到高分，老師認為她絕頂聰明。傳統看法所認為的智力型資優條件，她幾乎無所不備。可是，當愛麗絲進入大學高年級時卻有了困難，雖然她善於分析事理，卻無法為自己想出上好的對策。

綜合型資優可以從有頓悟、直覺、創造力或能隨機應變的人士身上看到。綜合型高能力的人不一定在普通的智力測驗考得高分，他們的答案有時被評為錯誤，因為他們所認為的可能解答是出題者始料未及的，因此，綜合型的資優人士在智力測驗上可能得不到最高的分數；在科學、藝術、文學或戲劇領域上卻可能提供最大的貢獻，也可能是個成功的股市投資人等。他們對事情的看法與眾不同，善於推敲嶄新的可能辦法，而且能夠創造人們所需要的新產品或新服務。

「芭芭拉」是綜合型資優學生的實例。她的測驗成績根本就不理想，可是，她看起來很有創新的眼光。她任職於一所大學，不時地證明自己對新的研究有層出不窮的看法，雖然她可能不像愛麗絲那樣善於分析問題，但是處理迎面而來的自身問題卻比愛麗絲高明許多。

第三種智力資優是**實用型資優**，意謂一個人進入一個環境後，能夠把該完成的工作悉數安排妥當，接著開始運轉。許多人有高強的分析或綜合能力，卻無法實際地應用這些能力。有時，實際的情況需要跟別人協商出良好的關係或單純在一種行業裡領先同行。實用型資優人士特別擅長讓各種能力發揮到極點。

史登伯所提供的實用型資優實例為「賽麗亞」。她的分析力不強，綜合力也不大傑出，對身為大學講師所需要做到的事卻很有辦法。她似乎就是知道何種研究會被重視、如何讓論文獲准出版、如何在求職面談時給人良好的印象等等。換句話說，她雖然沒有愛麗絲或芭芭拉的才能，卻能把自己擁有的長處適時助自己一臂之力。

人們自然不是只有這三種能力中之其中一種，而是這三種能力的特定混合。此外，還要知道「混合」會隨著時間而改變，因為智力會發展而且是朝不同的方向發展。

史登伯認為「資優」是這三種能力妥善保持平衡，同時其中之一種或多種得到高分。我有時稱資優人士為一個優秀的心理自律人[註6]。

註6：引自史登伯的著作《資優觀念》的一章：〈資優的三原理〉（A triarchic theory of giftedness）。Sternberg, R. J. (1986). *Conceptions of giftedness*. New York: Cambridge University Press.

再談智力

關於智力的類型與能力存在的範圍，長久以來多有爭議。被熱烈推崇的一個觀點來自哈佛大學的蓋德納（Howard Gardner）。他在《智力多元論》裡提出七種不同類型的智力，即：語言智力、數學推理智力、空間智力、音樂智力、體能運動智力以及兩種與個人悟性有關的人際智力和個人的內在智力。有人認為這些所謂的智力類似不同類型的天才或性向，再說，至少數學推理智力、空間智力和語言智力已經涵蓋在許多的性向測驗裡。蓋德納正致力於另一種評估的方法給幼稚園到高中的學生，用來評量出有一種或多種智力天份的學童。

蓋德納的七種智力，簡略摘要如下：

語言智力是多年來已經受到注意的項目，因為語言一直是一種被尊崇的人類才能。語言智力可以分成許多單元，像造句法、語意學和實用文、許多偏向學業的技能如寫作或言詞表達和領悟。在這方面有天份的兒童會講出精彩而合理的故事或正確地報導親身的經驗——不像標準的智力測驗只衡量重複的句子和解釋單字的能力。

數學推理智力也得到許多的注意，可以細分成一些的單元，像演繹推理、歸納推理、計算等等。這種智力是數學家和物理學家所必備的條件。具有這種潛能的兒童會輕易地完成數字的功課，像數數目、計算，並且早就懂得符號和方程式（抽象概念）所表達的數學觀念。

數學和推理這兩種智力是傳統學校情境裡最有用和最被重視的才能，也被認為是「天生智能」的基本能力，因此成為諸多智能的基礎。不過，蓋德納認為這樣的重視是受到過度的強調，七種智力應該都同樣的重要。

空間智力指表明和操作空間形態的能力。雖然方式不盡雷同，建築師、工程師、機械師、航海人員、雕塑家和棋士全都在他們的工作上依賴空間智力。機械師需要明瞭一台機器裡不同零件各自的關係；畫家在創作視覺藝品時，必須能夠運作空間；土地調查員一定要從許多不同的角度去確定地形。這種智力可能的表現是幼兒輕易地完成拼圖或把黏土捏成圓形，或是幼小時就會憑直覺畫出合乎透視法的圖畫。

體能運動智力是指運用一個人的全部或部分肢體去執行一項工作或製作一件物品的能力。這在舞蹈家、運動員、丑角以及外科醫生的工作上顯而易見。由於社會重視不同的運動和活動，如芭蕾舞、現代舞等諸如此類，這種類型的天才經常在小時候就被認出。

音樂智力包括分辨音階，能夠聽到音樂裡的主旋律，也對旋律、節奏、音質敏感，成年後有能力用表演的方式創作出音樂。音樂型資優兒童被發掘的管道，通常是他習慣在說故事時自己唱歌給自己聽，或注意到周遭有不同的聲音等。

最後一項關於人類的智力可細分成兩種：

人際智力是有能力從別人的行為和動機去了解別人，而且能適時做出積極的反應。像教師、業務員、心理醫生與宗教領袖就是使用這種智力。兒童是否有這方面的天份，可以從他們的領導力和組織力、知道別人如何安排時間、對別人的感受與需要所展現的敏感度來加以評量。

個人內在智力涉及個體的自我了解能力，包括明白自己的心理和智力強度、風格與才幹、懂得自己的感受和情緒界線，也負責運用知識去籌畫和執行合適的動作。幼兒可能在跟老師解釋自己的感受和提出解決辦法時流露出這種不尋常的潛能。例如：「我有點難過，因為媽媽今天不能來接我，我能不能跟你在一起，直到我覺得好些？」或「我最喜歡畫圖了，儘管我畫不到我所滿意的程度。」

上面所述的各種智力是分離且相當獨立的潛能，均可以單獨運作。有的人所有的智力都呈現同樣的水準，有的人甚至全部傑出。不過，大多數的人可能某些地方顯得較強而其他的地方則較弱。我們務必注意，在一個地方能力高強並不意味其他的地方存在同樣高的水準。這種事實也常被一些成年人忽略，當他遇到一個被認定資優的兒童，就自以為那個孩子無所不能，各方面都同樣出色。

蓋德納已經找出第八種智力，定名為「自然智力」。不過，這種智力目前還未被全世界完全接受，所以他還在繼續研究以證實人類這方面的智力。

蓋德納的研究重點是，全部兒童（包括資優兒童）都必須認清自己的特長和短處，家長可以幫助子女找出他們在什麼地方「聰明」，進而加強那方面的「智力」，同時輔導短處，使它發展到至少相當的水準。家庭和學校花太多的時間注意短處（例如加長算術時間），不顧事實上那個兒童在這方面天資薄弱，而且在畢業後謀生時極少依賴或甚至不必使用數學。兒童真正長處有時得到的注意不及短處所獲得的一半。

最後評論

本章試著強調資優不單是智商高，有許多複雜的個性和環境因素影響到高潛能的顯露。

資優不等於天才。舊思想認為智商超過一四五代表「天才」，現在絕對沒有人相信這種說法。不同程度的資優確實存在，我們可以歸納成三種，即(1)特殊才能；(2)資優（或高智力潛能或能力）；(3)天才。才能是指學業成績優異，或在美術、表演藝術或心理動力上有高能力；資優是個人基本的資質綜合高智力潛能與個性特質合併而成的；天才是極為少有的現象，只能從神童身上看到天才的徵兆。然而，通常惟有在成年時從個體所完成的工作或所表現出的空前罕有水準才會被認為是天才。

聰明還是資優的孩子？

人們經常問：聰明的孩子和資優的孩子有什麼不同？表2-2 幫助你了解並且分辨兩者之間的微細界線。不過要注意，並非所有的資優兒童都會顯出這些特質。

表 2－2　聰明的孩子 VS 資優的孩子

聰明的孩子	資優的孩子
知道答案	提出問題
有興趣	高度好奇
有好主意	有怪的笨主意
勤奮學習	遊手好閒卻仍然得高分
回答問題	鉅細靡遺，仔細地推敲
在團體中為王	遠離團體
有興趣地聆聽	表現強烈的感受或意見
容易學會	已經知道
喜歡同學	偏愛成人
掌握會議	推得結論
做完功課	起草方案
隨和	認真
正確地模仿	創作一個新圖案
喜歡上學	喜歡學習
吸收知識	使用知識
技術員	發明家
善於記憶	善於猜測
喜歡直截了當	愛好曲折複雜
留心	觀察十分敏銳
滿意自己的功課	嚴格自我批評

資優問題現在已經討論到一個程度，此時是否能夠給資優下個定義呢？這仍然是我辦不到的事——我還需要努力尋找簡短的字句來形容。我的朋友大衛和他在英格蘭的同事計

算出有一百八十四種不同的資優定義。他所擬的定義非常簡明，我也欣賞這個定義。他認為，資優兒童是個在某些層面上潛能和（或）成就遠超過其他同齡者的人。

上面所提到的能力和性格意味資優兒童必定得為生存而奮鬥，因為世界上的多數人無法懂得他們的思考、反應、感覺或學習的方式。也就是說，他們在整個成長的期間都必須面對來自教室內、外的挑戰。

許多資優的兒童成功地接受挑戰，縱然其間過程有點坎坷！事實上，多數的資優兒童愈戰愈勇，在學校和生活裡斬獲豐盛，其他的資優兒童並非如此而且還需要援助。

第三章將舉出一些理由說明為什麼智力資優兒童在學校得不到好的成績，即使他們有高強的智力。我把這章放在前頭，因為我知道許多家長閱讀這本書時也正在尋找理由，想要知道為什麼他們的孩子在學校裡痛苦地掙扎。

GIFTED

第三章

在學校不傑出的資優兒童

智力型資優兒童在學校所得的成績想必是優秀的，學業上的功課很適合兒童表現均衡且優良的視聽能力、傑出的記憶力和推理技巧。若學童學習這些課程卻得不到好成績，通常被稱為成績落後。其實資優兒童也會成績落後，因為他們的才華跟教育體制不合——我不時想起「圓洞卯上方木榫」這句話，其中含帶大量的痛苦與折磨，乃是因為稜角尖銳使然。

例如，資優兒童通常使用的學習方式是分析或旁敲側擊式思考，這反而造成他們對傳統式的教學方法和課程起反感。再者，因為資優兒童有中上程度的解決問題能力，而且能力超前他們的同學，以致很快地對緩慢的教學進度感到煩躁。他們為了發表思考的有關層面，也愛在課堂討論時霸佔上風或偏離主題，所以這種兒童特別需要彈性課程和教法。

資優兒童有要求自我表達、自我實現和多產的需要，結果造成他們的行為方式被誤解為表現固執和缺乏合作的精神（有時並非出於誤解：他們經常不肯承認自己的需要而顯出非常罕有的固執和不合作的態度）。例如一個資優兒童，在不適當的時間堅持要表達他們的看法或對一個課題堅持問到懂，不肯換到下一課。他們依照自己的需要率性行事，終究會遭到批評、反對或惹人反感，從而導入他們消極的自我觀念。因此，我們既然要求他們有創意、多方面思考、不唯唯諾諾，就完全要在他們的教育上有特別的準備。我們也要知道，資優兒童傾向對自己（和別人）要求完美，感覺也十分敏銳。

此外，由於資優兒童傾向用非常獨立的方式思考，就經常有意想不到的反應表現出來，並且顯得自以為是、叛逆與放蕩不羈。我們不要因他們的驚世駭俗的行徑而動用懲罰，他們需要人們接受他們的真面目，若是遭到壓力勉強他們服從，他們通常會反叛社會和教育單位，而且開始出現低成就的徵兆。

學習方式

資優兒童所傾向的學習方式也會左右他在校的表現。若以為經由視覺、聽覺和動態形式的教學，可以讓所有的資優兒童學得很好，這種想法是不正確的。那些視覺能力特強的資優兒童，可能在大部分以老師講課為主的班級裡無法嶄露頭角。

被界定為視覺型的學生，他們不喜歡聽講、背書、複習或練習，他們不善於用聽力去按部就班地學習，他們需要刺激身上的強大抽象視覺推理能力，他們是用整體概念去學習的人。他們通常「觸類旁通」，而不是按部就班、循序漸進（典型的普通教學法），因此需要向他們展示大幅度的影像，使他們抓住每個概念的相互關係。這些學生中，有許多人擁有圖像視覺記憶力。空間型資優學生喜歡抽象的觀念、複雜的思想，也需要綜合的活動，他們是自然常規的發現者和解決問題的人，老師如果按照他們的學習方式教導，他們就會有新穎而有創意的主意。

他們在學校時可能在討論簡單的概念、解答數學問題的步驟上會面臨困難，也記不了過多的細節。

除了這些困難外，還有其他的理由導致資優兒童在學校內、外似乎有低成就的表現。我要從兩個方面來討論不能嶄露頭角的原因：其一是低成就本身的成因，另一個是學習方面可能存在的問題。

學習問題和障礙

許多人想不通資優兒童怎麼會有學習方面的問題，對大多數的人而言，資優這個字形同高成就，低分數馬上會被認為是由於懶惰或管教不足。家長通常因為小孩埋怨無聊或乏味而責備學校，反過來，學校也懷疑家長是否放縱子女或不合作，沒有督導家庭作業等等。

事實是，有高比率的資優兒童為學習的問題所困，而這些問題往往是在校求學的根本問題。典型的範例是，一個聰明絕頂的學前兒童上幼稚園時表現良好，升上一年級時成績依然優秀，家長都認為她的學業將從此一帆風順，縱然問題在這個階段可能已經開始顯露，而這個孩子的一年級成績仍然優秀，這時如果老師受過非常良好的訓練，懂得資優，而且從教導資優生的經驗認得出問題的類型，那麼這些問題有時就能及早發現。然而通常的情形是兒童在一年級時自己努力隱藏問題和缺點，他們之中有許多人唸書唸得十分辛苦，例如用死背課本的方式隱瞞問題，所以當時唸起書來似乎很流利。但到了二、三年級時，這個學生的成績開始起了變化，同時，他的行為可能表現出有些課程讓他覺得吃力與不舒服。學生的行為散漫可能出於無聊，可是就整體而言，這是學習的方式出現問題的徵兆。學業困頓所產生的挫折感，刺激個性好動且體力充沛的資優兒童，這時老師努力要他們安靜地坐在位子上無疑地就成了問題。對這樣子的孩子而言，逃避功課是種抗拒的辦法。

我們也發現那種會轉移學習問題的資優兒童，除非他們出現行為問題，否則是不會被推薦出來的。同時，因為有學習問題的資優兒童極少持續得高分，所以他們經常不會被人視為資優。也就是說，許多有學習缺陷的資優兒童沒有被發掘出來接受評量，更沒有獲得他們所需要的教育。

因此，如果一個聰明的孩子開始表現出任何形式的問題行為，這時就需要調查是否有學習的問題。調查前，要確定你所諮詢的心理學家能夠診斷這種資優兒童的學習問題。我閱讀報導時總是注意到作者忽略談論這個問題的重要性，還認為栽培資優兒童的學校或課程對學生採取「刺激或挑戰學生的需求」的方法就能解決行為上的問題。專為資優兒童而設的學校對行為問題當然有所幫助，因為這個孩子在課堂裡能獲得了解與支持，不過，用來補救這種問題的其他辦法也同樣十分有效，一樣可以幫助學生學會學習技巧。

學習問題

學習的問題就像學不會如閱讀、寫作、算數等技巧，這個問題可能根源於情緒因素，例如過度恐懼（如超級敏感的結果）或心不在焉（如問題家庭的個案）。問題也可能來自環境因素，或許是學校的作風對一個特定的學生而言顯得太過散漫。依照我的經驗，我發覺資優兒童所需要的課程遠比通常制定的更為緊湊，他們在繁重而彈性十足的課業裡顯得興趣盎然。生理因素也可能是學習問題的肇因，通常，學習的問題跟這些因素中的至少一項有關，所以需要用綜合的心理測驗去找出學習的問題到底跟哪些因素有牽連，以及各種不同的相關因素在學童的學習困難上各有多少的影響力。

生理因素包括健康問題或腦部功能不良，人們總是假定資優兒童具備超效能的腦力，所以想不通這些資優兒童怎麼可能會被學習的問題所困。若腦子裡有一部分功能不良，在這種情形下，學習的問題被較正式地稱為學習障礙。因此，「學習問題」是個總稱，包含學習障礙，而「學習障礙」意指學習問題裡的一種特定的類型。

學習障礙

這是一種學習的問題，性質上是神經系統有特定的區域功能不良。帶有學習障礙的資優兒童，通常苦於聽覺處理問題、視力知覺問題、注意缺失症或無法遵從一連串的語言指令。這種障礙妨礙求學，因此這些學童不僅有些特定的學科成績不佳，而且還帶著獨特的學習障礙。

他們經常可見的缺點是：字跡不正、拼音不整、缺乏組織力、使用系統的方法解答問題有困難。在另一方面，我們可以觀察到他們有卓越的言語能力、能明確地辨認關係、文藻繁盛、常識豐富、觀察力敏銳。普遍來說，他們的思考與推理通常沒有瑕疵，可是寫字、朗誦、數學計算和完成功課等技巧對這種兒童而言卻顯得吃力。

這個意思是說，兒童有再高超的智力還是免不了罹患學習障礙。因此，聰明絕頂的兒童也可能有學習障礙。當一個學童連續兩、三年的表現低於同年齡的標準或評估出來的智商時，就可以確定這種障礙的存在。

學習障礙是否有藥可醫？

市面上還沒有藥物可以治療學習障礙，多數罹患學習障礙的兒童可以經由正確的診斷和矯治得到幫助，有的個案用轉到特殊學校的方式來加以補救。藥物可以治療附屬於學習障礙的問題，如難以保持注意力和過動症。

多數的矯正學校對帶有學習障礙的資優兒童而言並不理想。我們必須同時用資優和學習障礙去教育這些兒童。他們會出現「資優」和「損害他們學習的障礙」這兩種特質，因此，這種有學習障礙的資優兒童會跟那些沒有學習障礙的資優生一樣，對過量的反覆練習與毫無挑戰的功課感到厭惡。在許多案例裡，如果能附帶給特殊障礙者輔助治療，讓他們上專門教育資優兒童的學校才是比較明智的選擇。

日常的學習問題徵兆

無論你的孩子是否資優，下列的跡象可以提醒你，你的孩子可能有了問題。

- ❑ **全無章法**——紙張被弄皺、家庭作業不整潔、遺失圖書館的書、從來不帶學校的通知單回家。
- ❑ **粗心的過錯**——寫錯字、看錯說明、聽錯指令。
- ❑ **直接敷衍**——當你問孩子今天的考試怎樣，他總是回答：「簡單啦！」
- ❑ **常說上學「無聊」**——小孩子經常用極短的時間做完所有的家庭作業。資優兒童所說的話當然經常被父母採信，更何況許多實例顯示他們可能會覺得上學無聊。可是，父母如果經常聽到這種話就該提高警覺。
- ❑ **低成就**——無論孩子的智力有多高，都要留心是否在某些學科上出現十分吃力的跡象。兒童有時會無緣無故地從好成績跌落下來。
- ❑ **健忘**——「我忘了」形成一句他的口頭禪。忘記把課本帶回家或帶去上學、忘記寫家庭作業等等。
- ❑ **不做功課**——事情總是做到一半就半途而廢，不願意動腦筋做家庭作業等等，都可能是碰上困難的跡象。
- ❑ **表現緩慢**——孩子花許多的時間才做完家庭作業。老師抱怨孩子在學校裡沒有做完功課。這時，可能因為小孩是個完美主義者，不過，也可能是有了困難。

- ❑ **不能獨立學習**——他比其他的同學需要更多的關心與指導。
- ❑ **不易變換活動**——許多有學習問題的兒童厭惡變動。許多感覺超級敏感的資優兒童也有同樣的現象。其間的困惑可想而知。

跟學校的功課比較無關，卻可以在家裡看到的跡象有：

- ❑ **心神散漫**——這個孩子似乎不肯專心聽話或討論。
- ❑ **憤怒與憂傷**——叫他做事時會刺激他，使他大發脾氣。往昔所喜好的而今卻缺乏興趣，就可能是個預兆。此外，他可能抱怨肚子痛或頭痛。
- ❑ **容易衝動**——這個孩子不先思考就付諸行動，而且通常所做的方式與本身的年齡不相稱。
- ❑ **做白日夢**——這個孩子經常看起來沉迷在自己的世界裡，許多這種類型的兒童被稱為「神遊太空」。
- ❑ **靜不下來**——煩躁不安，難以安靜坐下而且不時地掉落東西。有時，也會非常多嘴，幾近壓迫性聒噪。
- ❑ **受不了挫折**——無法專心或完成困難的工作，企圖避開自覺難做的事，容易發脾氣，在達不到目標時會呈露兇性而且容易哭泣。
- ❑ **退入早期的嗜好和習慣**——拾起幾年前已經丟棄的遊戲或回頭使用嬰兒語言。
- ❑ **顯得霸氣**——企圖設定規則，自行決定自己要做的事與做事的時間。家長或老師都覺得他很難管教，甚至認為他叛逆和藐視權威。在一起玩的同學也討厭他，因為他事事堅持己見。

- **自尊低落**——這個孩子懷疑自己，好像知道自己有什麼地方不大對勁。
- **不和諧**——似乎不顧及別人的感受或想法，作風與眾不同。

由此可見許多的資優兒童因為不同的理由而被埋沒，進一步清楚地說，資優和學習問題兩者出現重疊的地帶造成資優狀態不明顯，也造成兒童本人和老師許多的疑惑。

是否有注意缺失症

丹尼的老師說丹尼在學校可以表現得更好。他看起來聽得懂課業的內容，可是卻不能及時做完功課；他能夠回答問題，卻說不出自己是如何算出答案；此外，他的字體和拼字都很差。他無法安靜地坐在教室裡，無時無刻顯得煩躁，有時會信口開河，也經常因為打擾別人而妨礙教學。他以前總是大聲地回答老師所提的問題，而今總是做白日夢，看起來心神散漫，還認為上學無聊。

資優兒童被推薦出來，經常是因為他們表現出特定的行為，如靜不下來、心神散漫、容易衝動、做白日夢和精力充沛。然而，這些行為也是注意缺失症和過動症的標準特徵，因此常被誤診為注意缺失症。事實上，有時的確很難劃分聰明活潑的孩子（不需要藥物治療）與罹患注意缺失症的資優兒童（絕大多數需要藥物的幫助才會功課傑出），這兩者之間的界線模糊。

不幸的是，有時醫生或心理學家光憑家長或老師所提供的行為描述與自己草率的觀察就斷定為注意缺失症。雖然一個兒童可能資優而有注意缺失症（不論有沒有過動行為），不小心仔細地評量是不可能診斷正確的。

資優跟注意缺失症與過動行為，其間相關的類似行為確實難以分辨。表 3－1 分別列出許多的特徵，可以幫助說明。

表 3－1　注意缺失症／過動行為 VS.資優行為

注意缺失症／過動行為	資優行為
幾乎在各種情況下，注意力都不能集中	在特殊情況下注意力會不集中，顯得無聊、做白日夢
功課沒有馬上接續，就不想再做下去	不願意持續做無關的功課
情緒衝動，迫不及待	先思考後才判斷
在社交方面沒有足夠的能力去控制或抑制行為	熱情導致跟權威爭奪權力
比一般兒童更好動或更無法安靜	活動量高，卻可能只需要些許的睡眠
難以循規蹈矩	質疑法令規章與風俗習慣

區別資優和注意缺失症的關鍵在「症狀」發生的時間與地點。資優兒童不會在各種情況下都表現出問題行為，患有注意缺失症或過動的兒童則走到哪裡都無法控制自己的行為，例如一個老師認為這個學生難教而另一個老師卻可能認為他沒有問題；學校可能記錄這個學生有持續的不良行為，而他在童子軍、音樂課、家裡等地方卻毫無問題。另一方面，有注意缺失症或過動症的兒童在所有的場合裡都有問題行為，縱然問題的嚴重程度在各種情況下各有差別。

在教室裡，無聊、侷限的課程、安排不當的學習方式或許多其他的因素都可能影響資優兒童的行為。一個資優的學生不得不花上大部分的白天時間去等別人趕上進度，此時就會因為意圖自我娛樂而表現出不軌的行為。

過動症兒童和資優兒童兩者都有高度的活力。資優兒童的活動通常是精神專注而有目標的，專心的程度使他們得以熬上長久的時間和花費許多的精神，全神貫注在確實吸引他們的事務上。相比之下，過動症兒童的行為則顯得心神散漫又毫無目標。

資優兒童有能力完成他們所喜歡的功課，雖然他們的興趣會隨時改變；在此同時，過動症或注意缺失症兒童則要賣力地去做功課。注意缺失症兒童也表現出連續的活動力、隨之而來的興致，但是，除非在看電視或玩電腦遊戲，否則無論在什麼情況下注意力集中的時間都非常地短暫。因為看電視或玩電腦遊戲等活動會「黏住」小孩子，有過動症或注意缺失症的兒童一旦被黏住就難以轉移注意力。這種現象也會在別的情境中發生。小孩子會在當時全神貫注於一個活動上，注意力專注的程度幾乎達到不正常的地步。這就是為什麼絕大多數的父母聽到子女被診斷為注意缺失症時會吃驚和反辯的原因，因為他們的子女能夠花上好幾個小時聞風不動地坐著看電視或玩電腦遊戲。可是，這種行為不能做為否定注意缺失症的證據。

注意缺失症和過動症兒童有個特徵與資優兒童不同，就是工作表現不一。注意缺失症兒童的表現成績通常十分不穩定，無論是做學校的作業、處理家務或完成指定工作所花的時間。資優兒童通常顯得努力不懈並且有優秀的學業成績，特別是遇上溝通良好的老師與智力受到挑戰時，除非他們有學習的問題。

因此，資優兒童如果沒有刺激或功課不夠挑戰則有可能出現一些讓人誤以為是注意缺失症或過動症的行為。不過，情況也有可能是既資優又有注意缺失症，特別是當學業成績低於觀察或評估的智力潛能。

注意缺失症的症狀

我們通常當三種行為同時發生在一個孩子身上時稱為注意缺失症。這三種行為是：注意力不能集中、情緒衝動（沒有經過思考就開口或行動，而且沒有什麼緩衝的餘地）以及活動過度。此外，有些關聯的行為會或多或少地出現在注意缺失症兒童的身上，這些行為有：不善於交際（被認為是由於缺乏社交手腕）、不知足（嘮叨不停、不滿足、從不罷休）、協調不良（笨拙、字體潦草）、缺乏組織力（雜亂不堪、每件事都必須被命令去做、不會安排工作次序）、善變（情緒搖擺不定、心情時好時壞）、自尊心低落且有特定的學習障礙。

要強調的是，超過半數的注意缺失症兒童在學業上會有相當差的成績。如果你的孩子沒有功課問題，卻有分心、注意力不能集中等行為，那麼，這或許是個徵兆，表示他是個資優兒童而不是得了注意缺失症。

激烈的「利塔寧」爭議

雖然「利塔寧」（Ritalin）說不上是耳熟能詳的藥物（譬如抗生素），但是，許多人都聽過這種藥而且知道這是一種治療精神疾病的藥，用來給過動或注意缺失症兒童服用。許多家長極力反對這種藥，雖然也有許多持另一種看法的家長稱讚這種藥對子女的行為有療效並且從而提升了家庭的生活品質。但多數的家長不曾仔細地思考這種藥的正、反兩面意涵，也沒看過相關醫藥研究成果提到藥效和可能的副作用。太多的人以普遍的想法為基準，還以此做出影響子女的重大決定。

事實上，全球對利塔寧已經研究了三十多年，到目前為止，還沒有結論可以證實服用利塔寧會有長期、負面與危及性命的副作用。不過，我們還是該知道也該小心留意它所存在的副作用，其中最常被提到的副作用是它會抑制身高和體重。也有許多的研究證實這種現象不是長期或永久性的，通常在治療的第一年後或不服藥的期間，身體會回復成長。研究裡還顯示，跟兒童一樣服用這種藥的成年人在身高和體重上確實沒有長期的減少，理由之一可能是這種藥會在成長的階段暫時停止作用。

利塔寧會造成慣性，至於它是否會導致上癮，至今仍然是個謎，不過大量服用則可能會上癮。所以，許多的醫生力行嚴格管控服用的劑量。咳嗽藥裡也有引起上癮的化學成分，人們會藥物上癮很可能是由於情緒容易衝動，可是這正是利塔寧的有效之處。

我必須補充說明，我並不是贊成每個看起來像注意缺失症、過動症、心神散漫或任何精神疾病的兒童都應該服用利塔寧。我用利塔寧治療注意缺失症或過動症的論點是這些病症的原因錯綜複雜，不能光憑一種藥就痊癒。了解藥物對孩子的病症能產生什麼效用是不可忽視的，如果其他的辦法都試過卻沒有什麼進展，而且假如這種藥試過後能夠有效地減輕病情，這時就值得考慮服用這種藥了。不過，家長必須明瞭服用利塔寧不是治療注意缺失症或過動症的完整療法，它只不過是其中一種治療的辦法而已。一定要找出跟病情有關的問題並且給孩童其他形式的支援，幫忙他們控制、對抗或解決吃藥也解決不了的其他問題。所以嘗試利塔寧之前，要先試用其他的辦法如下。

變換學習環境

- ❑調換學生的教室座位（前排或單獨坐），如果可能的話，將學生轉入不同的班級（秩序特別好或特別著重秩序的班級）。
- ❑可能的話，轉到人數較少或特別的學校就讀。
- ❑確定家中臥房跟做功課的地方陳設整齊，不會引起兒童分心。

提供優秀的模範

- ❑安排合適的模範生（功課好，做事條理井然）坐在他的旁邊。
- ❑為他搭配一個「學習夥伴」，幫忙指導也幫助他做功課。
- ❑讓他跟有組織力的同學一起做作業。
- ❑跟他分享你個人處理事務的步驟。

改變上課時間

- ❑安排課程以配合他全天最佳的學習時機。
- ❑改變做家庭作業和唸書的時間。

修改指派作業的方式

- ❑一次指定一種作業。
- ❑把作業分成數個較小的範圍。

- ❑講解時圈出重要的詞句。
- ❑規定他目視老師並且口頭重複老師的指令。
- ❑減少抄寫和書寫作業的次數。
- ❑准許他使用別的方式表達學習狀況（如口頭回答）。
- ❑鼓勵他多用電腦寫答案、做習題和練習。

行為療治輔助法

- ❑運用讚美和忽略。
- ❑對不良行為採取立即譴責。
- ❑採用固定信號強調規則。
- ❑建立學校與家庭之間回饋與加強的互動方式。
- ❑使用暫時隔離法處理擾亂的行為。

假如家長跟校方都已經盡心盡力去執行這些辦法，而過動、分心和衝動的程度依然強烈地破壞這個學生的在校與社交表現，這時才需要考慮使用藥物治療。

服藥能改善什麼？

利塔寧（或其他的藥物）可能顯著地減輕兒童的病情，如此可以比較容易幫助兒童面對過動症和注意缺失症的其他干擾和克服症狀。服藥通常有下列的積極療效：

- ❑功課可能顯著地進步，能完成更多的作業且更正確的完成。
- ❑行為看起來比較「正常」且愈來愈能安靜地久坐。他們會覺得比較沒有挫折。

- 藥物能夠改善短期的表現，功課因此顯得進步。
- 藥物能夠使兒童降低攻擊、減少消極、比較聽從父母，也能幫助兒童遵守規則與接受懲罰，在教室裡較少打岔或毛躁，如此能提升他們在同儕裡的地位。
- 藥物能夠增加時間運用的能力。
- 藥物能使字體寫得較為工整。
- 藥物能減少情緒波動，使兒童覺得情緒比較穩定。
- 藥物能幫助兒童更接受社會學習。

藥物無法改善什麼？

- 服藥的學生無法表現長期的學業進步。這個意思是說，雖然藥物能夠增加做作業的能力和改善行為舉止，卻不能添加知識。例如，學生能夠比較正確地解答數學問題，應用數學的智力的靈活度卻維持不變。這種情形讓人既失望又迷惑，不過，兒童的學業成績多少都有進步。
- 藥物可能毫無章法地影響智力功能。譬如，一個兒童服了藥以後，雖然基本算術的表現可能進步，語文的表現卻可能退步。
- 藥物不會傳授未學過的學業技能，也不會彌補學習的差距。藥物無法把知識輸入學童的腦子或教導他們什麼事不可以做。
- 藥物無法破除學習的障礙。如果資優兒童罹患注意缺失症也有學習障礙，是不能只靠吃興奮劑來解決基本的學習步驟或知覺問題。

- ❑藥物不會傳授社會可接受的行為。有注意缺失症或過動症的兒童終究必須學會正確的社交技巧以及跟同儕互動的適當方式。
- ❑藥物不會使兒童覺得比較快樂。服藥中的兒童有時會述說他們沒有興致跟同學來往，而且在感覺與行動上也確實減少了交際，從而覺得更加地焦慮與憂愁。
- ❑藥物無法讓兒童變得比較能幹或比較不健忘。前者是一種技能，必須經過學習。記憶力問題跟注意缺失症及過動症沒有實際的關聯。不過，由於這些兒童比別人容易分心和衝動，似乎不能專心在必須完成的連續動作上，因此顯得健忘。藥物能夠用來鎮壓飛散的心思，使兒童能夠學會組織的技能。日常的例行活動必須固定才能培養出比較優秀的組織力。這些都需要家長（和老師）嚴格與持續地執行。
- ❑藥物不會使心情較為平靜。雖然兒童的注意力比較集中、會做完較多的作業、比較能安靜聽講，他們卻不一定覺得比較不焦慮或沒有壓力。因此，他們需要別人教導學習放鬆、有效的壓力控制和克服憤怒與處理焦慮的方法。

上面的解釋應該能夠讓你明白為什麼我之前說過利塔寧或其他藥物不是醫治注意缺失症或過動症的完整辦法。藥物只能在整個病情控制上發揮援助的作用，我們還需要許多其他的辦法去幫助兒童習得健全的對抗辦法，如此，才會在學校和其他的生活情境中有適當的舉止。

千萬不可相信早上給自己的孩子吞下利塔寧或每過一陣子交一包藥給老師就能了事。服藥只不過是個治療的開端，痊癒要靠成人持續的援助與教導，這遠比一顆小白丸的化學作用要來得重要。

低成就

要找出主要的病因或解釋人類的行為永遠不是一件容易的事，因為人類非常複雜且獨特。同理，要判定聰明學生低成就的根源與理由也不容易。不過，如果我們做得到的話，務必分析出為什麼兒童會有低成就的現象。像：「約翰如果肯用功的話，成績會更好。」這樣的成績單評語根本於事無補。身心健康的兒童只要環境給予充足的支援，他就會想要學習。為什麼他們有時會缺乏學習的興趣或似乎無力施展「個人的最佳才華」呢？

葛拉哥（Jim Gallaher）描寫低成就是社會的悲哀：「損失的程度雖難以估計，不過一定相當慘重。我們怎麼能夠估計奏鳴曲如果沒有完成、救命的藥品如果沒有研發、政治的觀察力如果不足，會有多少的損失？這些是我們

> 怎麼在社會裡生活和我們能怎麼生活所不同的地方。」

資優兒童低成就的現象頗為普遍，研究報告顯示估計有百分之二十五到百分之五十八的資優學生在學校的表現低於他們的潛能，雖然有的學生在日後表現極佳，如巴士德（Louis Pasteur）、榮格（Carl Jung）、邱吉爾（Winston Churchill）、愛迪生（Edison）和許許多多的名人。我們無法知道到底有多少人因為在校期間低成就而默默無聞地埋沒在社會中。

低成就的可能原因

當今有許多的理論涉及低成就的根源或潛在的原因，然而，首當其衝且毫無疑問的理由是身在非資優的世界裡，當個資優的人實際上就容易形成低成就。我在這章的開頭就強調過這一個論點。不過，被誤解並非低成就的唯一理由。事實上，這種問題變得複雜且困難，理由可能牽涉得非常廣。

有個有趣的說法早在這本書的前面提過，現在正好適合用來解釋資優，就是海星現象。

我們可以把海星的爪子想成五個構成資優的要件。當一個或多個爪子斷裂時，低成就現象就會出現。低成就的兒童獲得援助後就會像海星的爪子再生般修補斷裂的爪子，同時發揮出他們的潛能。許多低成就者有短小的爪子，這仍然表示成為資優的可能是存在的。其他有「芽苞」的爪子是微弱卻有希望的徵兆，表示爪子有可能還會長大。低成就者的爪子沒有一個五爪俱全的，他們的爪子缺陷程度與種類也各不相同。健全的海星沒有殘缺的爪子。如果每根爪子代表成為資優所必須具備的條件，情況就會像圖3－1所示。

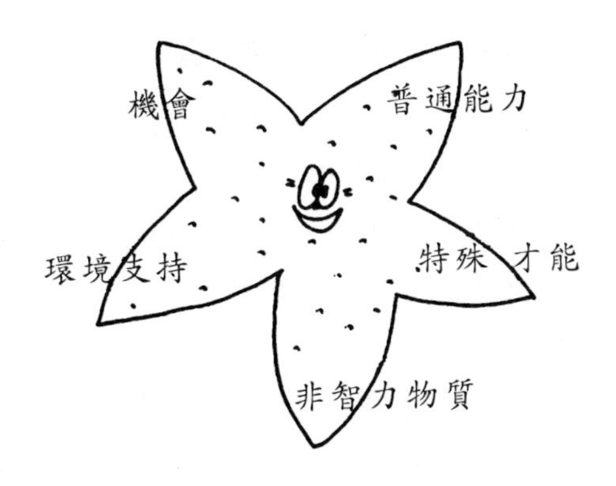

圖3－1　用海星說明一個條件完備的資優兒童

用這健全的海星來對照，我們來思考下面三個低成就的案例。

有個兒童名叫**繆蕾兒**，具備高度的一般能力（如智商一三〇以上），可是看不出任河的特殊才能。繆蕾兒的父母和老師都對她的智商總分感到驚訝，因為她的在校成績中等而且父母之中有一方及一個年長的手足被評為智力不足。你認為她的低成就乃是由於父母和老師依據家庭背景而對她期望低落所致？她跟家庭成員與老師之間的互動太缺乏刺激，才導致她潛在的資優無法顯現。

阿步有一段連續跟不同的養父母生活的經歷。那時，他受到饑餓與肢體虐待，後來才被一個有愛心的家庭領養。他患氣喘病而且過動，社交技能與情緒控制力都嚴重地遲緩，還經常大發脾氣，甚至進一步用暴力侵犯別人。縱然他的問題很多，所幸他的老師仍然注意到他散發資優的特質。他們留意到他長期顯露超凡的藝術才華，還有值得一提的是，廣博且準確的驚人字彙。這個孩子冒著天才的「芽苞」，也在「機會」的爪子上萌芽，因為他被好人家領養，遠離了虐待與營養不良。阿步在智力方面所具備的資優潛能，受到領養家庭給予環境的支持與刺激，終於展現成長。

賴玖出現發育強壯的「社交」爪子，這意味他跟家庭與社會的互動情況良好。他在小學三年級時因為見解獨特、幽默和作品傑出而被評量為資優。當他升上高年級時，卻感到愈來愈難掌握時間，功課跟習題都做不完。在六年級末期，學校發現賴玖的閱讀能力不足（因為患學習障礙），以致於不懂數學問題或別科的課文，賴玖因此欠缺智力方面的要件。

有些低成就資優兒童似乎具備一般智能且多數懷有特殊的才華，有的患學習障礙，因此掩蔽或壓低普通能力的得分；有的在學校與家庭兩邊都有強力的環境支持，發掘並鼓勵特殊才能的資優；其他的就不得不面對來自父母或師長過高或超低的期待與家中的性別歧視，基本的生理、心理、社會或教育需求被疏忽；還有的人在家裡必定遭受一些衝突與折磨，有的苦於過度自由或責任過重；還有的低成就者由於天生缺陷或照顧疏忽而承受肢體殘障。

幾乎每個案例或多或少都有殘缺的爪子，不過毫無例外的是低成就的資優兒童顯然至少短缺某些非智力（情緒性）的技能。其中有許多人（並非全部）自我觀念十分薄弱，做功課的能力很差或掌握不了時間，在學校與人相處沒有社交手腕或不會「玩遊戲」。有許多的人在別人絕不冒險時表現出不適當的冒險行為；意思是說，因為他們選擇寧願不及格而不願意實際「被評定」不及格，以免威脅到本身脆弱的自我觀念。有的兒童情緒不成熟，其他的有暴怒、壓力過重、完全缺乏信心、沒有能力反抗或完美主義。

這個比喻適合用來了解導致低成就的複雜過程，因為它適當地傳達徹底全面評量的重要性，以此可以著手補救低成就的現象。然而事實上，「治療低成就」是一件非常艱難的工作，愈早發現愈容易補救。企圖全面匡正長期的低成就會造成孩童漠不關心、反抗、失去興趣，而且通常註定失敗。這也就是為什麼及早篩選和確認資優兒童是非常重要的。

低成就的徵兆

這裡舉出一些常見的低成就資優兒童現象。老師可能看到：

- ❑一科或全部的基本技能課程，成績在中等或中等以下。
- ❑對有興趣的概念顯出超強的理解與記憶力，口頭與書面回答兩者的差距很大，具備格外淵博的普通知識。
- ❑為了避免可能表現得不夠完美而避免嘗試新活動，顯示出完美主義和傾向自我批評或恐懼失敗。
- ❑無論班級人數多寡都不能輕鬆自在地上課。
- ❑學習動機低落，根本就不想學習。這種學生不情願參與，很快喪失興趣並且不能長期專注在功課上，有目標的行動和注意力集中的時間都非常短暫。

- 不良的讀書習慣，家庭作業只做一小部分，工作完成不了。
- 思想頑固。
- 在教室的情境下，跟成績優秀的學生比起來顯得比較不能持續、缺乏信心與退縮。
- 課外幾乎沒有什麼嗜好或興趣，或者興趣廣泛而且可能在某個領域裡是個「特別的專家」。
- 有考試恐懼症。
- 缺乏野心而且沒有明確的未來或職業目標。
- 喜歡的職業包括勞工職務的工作、經商、推銷員或任何涉及強烈說服傾向的職業。他們比較喜歡避開社交型或專業型的職務。

家長可能觀察到孩子：

- 覺得有遭受家人拒絕的跡象並且自認無法滿足父母。
- 對權威人物有明顯的敵意而且不相信所有的成人。這種態度流露出高度的攻擊與敵對。
- 反對受父母的影響，並且相信自己的看法。他們認為自己的權利與興趣比別人的更為重要。
- 不喜歡學校和自己的老師。
- 叛逆。

低成就者在同儕團體裡所選擇的朋友通常是跟他一樣，對學校、權威和成人同仇敵愾。進行校外或反社會活動時，他們可能在這些團體裡當領導；在規模較大的團體裡，他們當不了領袖，知名度也不高。事實上，低成就者通常有社交方面的問題。

就一般而言，他們表現出偏低的自我觀念跡象，因此消極地評估自己。他們的自卑感流露出猜疑、冷淡、缺乏愛心，甚至敵對別人。他們認為自己普遍不受歡迎，也表現出討厭自己的跡象，而且通常把攻擊目標朝向自己。

無助感引起他們對自己的行為不負責，他們傾向把衝突與問題朝外歸咎。這個意思是說，他們將自己沒有成功的原因歸咎於環境、惡運或別人。焦慮與緊張、沮喪、不安與情緒不成熟等跡象伴隨著無助感。缺乏自律、傾向拖延、不願意面對挑戰、行為衝動、易於分心、對周遭的事務過度敏感和普遍不負責等都是常見的現象。

補救低成就

如之前所說，低成就是件很難解決的問題，所以十分值得事先預防。每位老師與家長都應該留意它的跡象，例如一個資優兒童表現出比較不情願上學或參與其他的活動。

無效的辦法

如果把海星的比喻牢記在心，我們就比較容易了解為什麼有些補救的辦法無效。一些特別設計的補救辦法雖讓兒童有個溫馨成長的家庭環境，卻無法幫助想成功卻缺乏情緒特質的兒童。如果兒童缺乏情緒或其他「社交」爪子，我們就算提供他們冒險機會、鼓勵他們發揮能力或跟其他的資優兒童共處也是不夠的。

另一個常見的錯誤是立刻教學生「更好」的學習法。當一些資優生確實需要更有效的學習法時，老師需要謹慎地考慮低成就的理由。如果兒童選擇低成就的目的在於引人注意、要求權力或安全，他們就不會想改進學習技巧。如果兒童有學習障礙或注意力問題，除非能夠查出、了解和處理潛在的問題，否則教他學習的技巧並沒有什麼幫助。

有效的辦法

低成就現象一旦出現，就該立刻採取出下列的步驟：

- ❑明確地評估問題而且盡可能找出原因所在。嘗試在不同的地方（如家裡、學校、同學間）觀察這種兒童，並且試著找出他們的動機與嗜好。
- ❑把你的觀察心得傳達給他們，告訴他們你所設想的問題行為及觀察到的原因。運用你自己的親身經驗並且請他們分享他們對問題的看法，以此分享你對問題的了解。有低成就可能的兒童，除非認為情況讓自己不滿意或不舒服，否則不會願意去改變。這種兒童必須自己希望改變，然後才能採取第三個步驟。
- ❑跟他們建立夥伴關係，並且在可能的情況下加入家長或老師。用合力解決問題的方式積極地思考如何解決現有問題。

這個方法看起來輕而易舉，也不致於誤導你相信低成就容易矯正。多數曾處理低成就問題的專家都強調團隊合作的重要性。家長與校方的參與也相當重要，最好再加上一位受過訓練的心理學家做顧問。我們需要心理學家提供減輕焦慮和緊張的方法，並且給兒童自我管束、建立社會關係及輸導攻擊等技巧訓練。至於學習方面，特定部分的心理障礙一旦解除，就可能需要補習老師幫助兒童趕上學習進度或彌補學習差距。最後，團隊要確保低成就的資優兒童能夠在課業上感覺到成功的次數多於失敗的次數。心理與學業問題一旦處理妥當，再給他們機會跟智力相當的同學相處，這樣他們才能融入成績優秀的資優團體。

我希望大家都已經明白，低成就乃複雜的動力驅使所致，這種動力存在兒童本身也存在他們所處的環境裡，不能看成是相當簡單的因果關係。我們也應該明白，補救低成就充滿困難，這些困難不會自行瓦解，並且最晚在青少年初期之前一定要矯正，否則會變成牢不可破且自毀的行為模式，會摧毀多數有能力的兒童。

所有的學校都應該想到校內最聰明的學生裡發生低成就的或然率，並且為他們預備一些時間與經費，若與後續的個人與社會成本跟預備經費相比，你會發現這種投資是值得的，因為預防重於治療最理想。為了正確地滿足這些兒童的需求，老師和家長具備資優知識是非常重要的。

GIFTED

第四章

資優兒童面對的挑戰

上一章討論過資優兒童由於學習問題而產生學習障礙，這一章即將探討身為資優人士，雖然可能輕易且快速地學會許多東西或選擇事務，但是，有些事會使能力高強的人日子過得並不輕鬆。首先，我要舉出資優的人必然會遇到的一些事。這些事，我的年輕讀者們或許已經親身體會過，家長們也應該明瞭，因為子女將來可能不得不面對。因此，雖然接下來的章節主要是針對資優兒童而寫，卻強力推薦家長們也來閱讀。

身為菁英份子的真相

有些事可能是你樂意的，有些則否——其實取決於你自己。

人們對你期望更高

這是一定得面對的事實，並且不一定事事如意。被認定資優並不意味每方面都過人一等，老師或父母可能不明白，雖然你樣樣奪魁，你卻千真萬確地要跟英文創作搏鬥。你常聽到的話是：你就是不夠用功、你沒有努力。他們似乎也不允許你對某一特定的科目真心討厭或缺乏興趣，你必須會每一件事。

你有更大的責任

聽明絕頂讓人覺得你的行為可以比你的年紀更加老成，而且不至於做其他孩子所做的事。人們期望你當個美德的典範，永遠運用超級腦力去照顧別人，特別是你的弟弟或妹妹。假若你的舉止和你的年齡相當時，所得到的回應卻是：「我從沒料到你會做出這種蠢事」，或「我確實期望你把事情辦好」或「我對你期望更高」。下一個事實也跟這個有關。

當使用高程度的字彙時，別人就忘記你的真實年齡

一直被人期望少年老成，足以叫人生氣又傷心，因為你能夠用高程度的語言跟父母或老師討論事務後，他們就把你看成同類，導致你不可以穿得像其他的孩子，或跟他們聽同樣的音樂、去相同的遊樂場所。每個人多少都認為你應該超越這些。

你也對自己期望更高

一般來說，你明白自己有能力，也喜歡把能力發揮到極點。你樂於取勝、有好成績或各方面傑出。不過，這種行為的反面是過分的要求完美會拖垮你，而且有時你會開始覺得

自己只是因為聰明和成績優秀才得到寵愛。好勝心和隨之而來的緊張感也會導致你分心。

別人不見得能分享你的幽默感

絕頂聰明的人會絲毫沒有幽默感，另一方面，沒有智慧的人不會有雋永的睿智。幽默感需要至少中等的智力，而且似乎跟智商成正比（你是否注意到，智力較低的人看低俗的鬧劇時頗為興高采烈，還會對往臉擲派等動作開顏歡笑，他們也喜歡惡言惡語的喜劇和誹謗人的笑話）。有格調的喜劇會讓人由大腦發出會心的一笑。

有時候，你可能發覺自己十分熱衷某事，別人卻無動於衷，還引起別人認為你古怪。這時千萬注意，別小看他們的幽默感——雖然對不好笑的事面露笑容是件難事，不過，嘗試一下是有益的。

你可能是社會的領袖

不論你是否相信，這件事是千真萬確的，聰明使你更加自信——假如不是現在，也會在將來的日子裡。因為你可以看到事情的較多層面，並且有能力想出對策與相當的判斷，所以別人會尊敬你、信任你，終而推舉你當領袖。這個前提當然是假如你通常肯不辭勞苦地去嘗試和去了解人們。

要記得，就像不能期望智商低落的人能夠了解智商中等的人般，我們同樣不能期待普通人明白對事務領悟神速是什麼感覺。所以，你可以自己決定是否要去了解他們，以及學會跟你的同胞相處。

你對智力比較低的人感到無聊

這種感覺並不愉快，但卻確實存在。這意味你不得不找個至少跟自己智力相當的男朋友或女朋友，否則便會很快地分手，只因為你不能了解他們的朋友。事實上，有些資優人士覺得必須跟「普通」的人來往是件壓力很大的事。

別人對你的興趣感到無聊

這是另一個痛苦的事實。你比別人傾向更深入地探討一件事情、一個話題或一個主題，這種單獨而專注的鑽牛角尖精神，即使是你最好的朋友也受不了。無論是個計畫或辯論，你一有興趣就會鍥而不捨地窮追不捨，從來不會滿意粗淺的東西，也不懂別人的態度。

當然你也會急速喪失興趣，今天所熱衷的事物轉眼煙消雲散；明天則在別的方向另起爐灶。你的父母或老師不能全懂這種態度，即使朋友也覺得難以跟上你所變換的話題。

資優意味用功讀書

這是事實，不是嗎！但不是每個人都全然明白這點，似乎還認為成績優秀不是你努力所得的結果。有些事對你而言比別人容易，可是你必須用功讀書和努力做功課才能維持優秀的成績。或許，你應該歸功的是你的毅力，而不是腦力。美國第三十任總統顧立吉（Calvin Coolidge）寫道：

世界上沒有任何事可以取代毅力，
才能取代不了，沒有成就的才子比比皆是；
天才取代不了，埋沒的天才幾乎無人不曉；
教育取代不了，世界充滿受過教育卻被遺棄的人，
唯有毅力與決心兩者至高無上。

別人認爲你古怪

這也是件不幸的事實，別為此太過擔心，倒不如現在閱讀這一章剩餘的部分，或許可以從中找到解釋的理由。跟常人不同並不輕鬆，但你的智力、創造力或慾望卻常把你跟眾人分離。別責備他們，當你不能了解他們的時候，你也會認為他們古怪。為了舒服起見，請看下一個也是最後一個事實。

你的日子終究會比多數人如意

是的！不過，從財富的角度來衡量或許不是。可是，你可能在每一方面經歷更多，而且總是毫不保留地囊括生活中的點滴。無論如何，那些都是生命的真意。要留意自己是否對生活的感覺沮喪，別忘了繼續保持積極的態度。

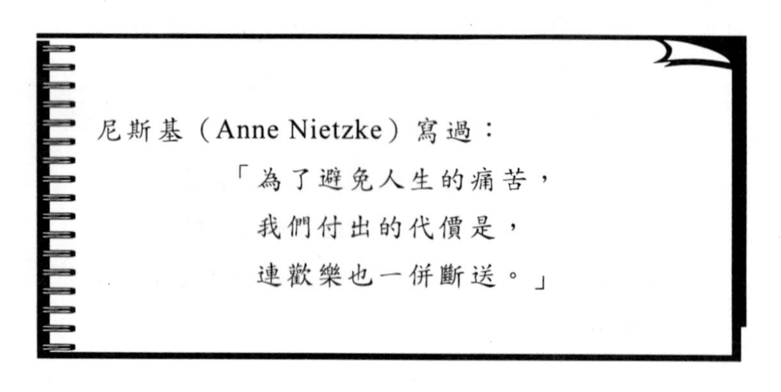

尼斯基（Anne Nietzke）寫過：

「為了避免人生的痛苦，
我們付出的代價是，
連歡樂也一併斷送。」

資優兒童的社會與情緒問題

坊間談論資優兒童社會與情緒問題的書和文章都指出，在團體裡，他們很容易適應，並且跟親朋好友相處融洽。他們以討喜的幽默感、敏捷的智語、良好的記憶力與廣泛的知識與人融洽相處是意料中的事。有他們在身旁，不只有趣，也挺有用的。

除此之外，還有資優兒童的情緒、社會和行為問題特別困擾資優兒童。一般來說，兒童的資優程度愈高，在世上極少有同程度或同性情的情況下，想融入社會就愈具挑戰。

特別脆弱的地帶

資優兒童有些特別脆弱的地帶往往危機待發，如果兒童或家人沒有處理妥當則可能發展成問題。這些在情緒方面包括敏感度加強、情緒緊張、容易興奮、完美主義、知覺敏感、差異感，以及體驗到智力、社會與情緒等各方面發展不平衡（是的，相當恐怖！身為資優並不是樣樣輕鬆的）。

變異與文化知覺

所有這些特質都是構成資優的必要條件，不過，當它們在兒童的身上顯現時卻有很大的變異。心理和生理因素如年齡、性別、個性內外向程度、控制的部位、偏好的特定感官刺激形態（如比較偏好視覺，不喜歡用聽覺）等等都會造成巨大的差別，這使得每個兒童具獨特性。

有的兒童可能顯出幾個特質，有的可能比別人明顯，而有些特質在一個人身上看起來像優點，在另一個人身上反而像缺點。這就是特質影響兒童行為的方式，會因社會與情緒而有顯著的差別。換句話說，通常成人和其他兒童對這些特質的感覺會讓一個資優兒童被看成特別強或弱。文化在這裡具有重要的地位，在思想著重批評與分析的文化裡，耿直、熱忱和精神活潑的孩子被認為可喜可賀；同一個孩子處在想法深信沉思與直覺的文化裡，可能會被認為粗魯與不敬。高能力兒童面臨的另一個挑戰包括難以選擇職業。讓我們來注意一些這類型的挑戰。

敏感性

資優的人天生情緒敏感，這種特質出現在出生的頭幾年，並且持續終生。

敏感性是一種對他人、動物、自然和宇宙的認同感，藉此深入組成世界的各種事物。熱忱與憐憫也屬於敏感性層面，是許多資優人士的特質，熱忱指的是感覺強烈，感到有必要與別人或理念建立密切的連繫，憐憫是關懷別人，減輕別人可能有的痛苦。

不是所有的資優兒童都表現出憐憫，不過有憐憫心的人通常獻身去化解苦難，如德蕾沙修女（Mother Teresa）。另外，有憐憫心的資優人士包括印度聖雄——甘地（Gandhi）、天主教聖徒——聖・芳濟（St. Francis of Assis）、在非洲行醫與傳教的史懷哲（Albert Schweitzer）。

七歲的凱蒂是個資優兒童，有強烈的憐憫心與直覺。她經常拯救翅膀受損或受傷的蜜蜂，還把蜜蜂帶進家裡調養。奇怪的是，她幾乎不曾被蜜蜂刺過。當別人向她證實這件事時，她回答說：「我只被蜜蜂刺過一次，不過當時牠很痛苦而且都怪我不好。」

十分有憐憫心的資優幼兒可以從非常看重友誼觀察到這種特質。他們很少計較別人的過錯，卻會針對他們所看到的對方內在潛能做出回應。即使屢次受到傷害，這個孩子也不願意放棄友誼。

有熱忱的資優兒童會對特定的目標奉獻，這可能導致他跟成人起衝突。不過，他會感到與宇宙合一，從而獲得回報。

同理心

敏感且有憐憫心的資優兒童可能表現出高度的同理心，不僅懂得別人的感覺，而且跟別人的親身感受完全相同。他們能敏銳地察覺別人所受到的傷害與不平，也對批評與痛苦敏感。如果他們不能把別人的痛苦置之度外，結果會導致他們大喜或大悲。

同理心的正面感受情況像「突起的歡樂波濤，澎湃洶湧」或覺得「一身是勁，活得痛快，根本不必休息」，或「有時候高興得要笑也要哭，或要靜也要叫，兩種情緒同時出現」。這些現象不一定要跟人交往才發生，也會因一處自然美景、一段音樂或一件藝術品而產生。

負面的情況是，有的小孩在實地或電視、電影中看到有人肢體受傷就感到痛苦，而且痛苦的程度超過自己受傷。極為敏感的兒童會想辦法對付這種感覺，他們可能會退縮，因此形成孤立，並且跟別人斷絕來往，另一個辦法是在心裡築牆或建起堤防，不過這麼做代價頗高，因為結果往往會變成減少情緒活力、缺乏成功與成就的樂趣、失去自我感覺。

另外的對抗辦法還有嘗試及給予他人快樂。在這種情況下，他們可能負起過重的責任去理會別人的情緒感受，假如別人不快樂，這位資優兒童就會覺得自己應該負責等等。一個完美主義會發展成一種處理壓力與分擔他人感受的生活態度，他們用永遠事事力求優秀（完美）意圖避免負面的遭遇。

你能做什麼？

許多兒童都會在接受輔助後得到助益，學會劃分界線，分開自己與周圍的人所發出過分強烈的情緒。不過，勸阻這類型的孩子放棄施捨並不妥當，因為這會導致兒童認為自己的這一部分不受歡迎而被人拒絕。這些孩子需要知道的是施捨過多的後續結果，要明白從別人那裡獲得也是一種恭維別人的方式，這就是自私與擁有自我兩者的不同。

做為家長的你，可以嘗試做的事如具體建議子女隔離自己，以免被別人的情緒狀況影響。試著要求子女先明白自己的感受，然後才去體會別人的情緒，最後，自問現在覺得怎樣。跟子女討論同理心與憐憫之間的差別，從而使子女明瞭他有什麼感受。用心去想像也會有幫助的，例如：深呼吸一下，放鬆，然後想像一道高立的玻璃牆介於自己與別人之間，兒童可以看到和聽到對方，卻不至於對別人的感覺過度感同身受。

發生在資優兒童身上的沮喪，可能根源於這種極度的敏感及有能力如此細密地察覺。沮喪會起源兒童知覺自己的感受或體會到自己不同於社會裡的「普通」人。資優的青少年與成人經常覺得他們不應該有衝突或消極的感受，他們曾經被生活中許許多多的人認為「太敏感」或「過度緊張」，這使得他們相信，他們確實有些不對勁。稍後可以看到更多有關沮喪的資料。

強烈的情緒是好事

我們一生中大部分的時光裡，所得到的訊息都認為「控制」自己的情緒比較好，即使是嬰兒也聽到：「寶寶，乖乖，別哭」，這個訊息傳達哭是錯的，而且反覆叮嚀了整個兒童期——尤其對男孩。我們在學校這個場所確實學習如何控制、壓抑跟否認自己的情緒，做到這些才是社會化過程的一部分。可是，壓抑情緒的同時也壓抑了個人的活力，這可能就是兒童「失去」學習動機的理由之一。動機畢竟是情緒性的，不是智力的。

這個領域的名作者派求斯基（M. M. Piechowski）（註1）說：

> （資優）兒童的強烈情緒反應有時可能難以了解，特別是當……這個孩子「無緣無故」發生嚴重的情緒低落。這需要相當的耐心與對這個兒童的了解，才能知道「過度反應」出自兒童的敏感與個人行事規範的要求，敏感且緊張的兒童通常可能因情緒而不平衡，沒有平時應有的表現，例如，講故事給他聽，可能讓他十分難過，只因為他需要更多的支持。毫無疑問地，最有力的支持是父母有愛心的忍耐與接納。

這些資優兒童和他們的家人都需要知道，強烈的情緒並沒有不適當。他們也需要別人幫助他們明白他們確實感覺的有些問題，別人也感覺得到，並且用悲天憫人的胸懷共同分享。這是情緒資優的積極跡象，不是情緒動盪的指標。

敏感的資優兒童最迫切需要的或許是有一個能懂得他們的緊張情緒和同理心的環境。身為資優兒童的父母或老師，我們的責任是不要讓他們以控制或單純容忍的方式處理情

註1：出自 Piechowski, M. M. (1991). Emotional development and emotional giftedness. In N. Colangelo & G. A. Davis (Eds.), *Handbook of gifted education*. Boston: Allyn & Bacon.

緒。我們需要以身作則，讓自己的情緒輕鬆自在，並且明示這些孩子的敏感是種正面的特質。每個資優兒童都需要一個安全的地方可以放聲大哭，家裡、校長室、一位善解人意老師的教室都應該是資優兒童可以表達深處情緒的天堂。男孩在早年就學會不在操場或教室裡流露自己的情緒，也被教成假如否認或隱瞞自己的情緒就能增長智力，卻在此同時，阻礙了他們的情緒發展。

防衛機制

許多的資優兒童在環境不能顧及他們的需求去吐露真情或分享敏感與價值時，就會用一種普遍而有害的防衛機制，這種機制叫做理性化。這些兒童（通常是青少年）習慣拒絕用感覺的方式討論事務，而把每件事都轉成智力爭辯或討論。他們經常貶低情緒的地位，看輕詩文、某些戲劇或電影，還嚴重地偏向使用邏輯來表達他們的體驗。他們之中有許多人感到痛苦，因為自己變得情緒冷漠而且不能建立深度的親密關係。

敏感是一種精緻的特質，濫用會導致人格扭曲變形而爆發痛苦。如果容許情緒充分發展，反而可以養成利他主義並且渴望為人類做有意義的事，所以我們需要正確地輸導情緒。

知覺

知覺似乎等於直覺地知道，不過，兩者有別。知覺意謂同時了解一些不同的觀點，了解別人身上一些不同的自我「層面」，以及迅速知道一個問題的核心。在人際關係上，這種知覺幫助資優兒童超越事情的表面，看到對方的內心。知覺常被稱為領悟，能使兒童快速地評估人與事，事實上，他們善於分辨社會表象和真正的思想與感受兩者之間的差異。知覺使得資優兒童更貼切地領悟別人的感覺，想想你的孩子是否能夠看透你的感受，即使你認為你隱藏得很高明？

道德問題

此種知覺會提升資優兒童的特定價值觀。他們了解也需要真理、正義、公平，而這些卻也成為他們的問題；他們清楚地看到人們被不公平地對待，而且有時用不同的「面孔」待人，這種處世的作法令他們感到困惑。這些孩子認為真理是絕對的，要追尋也要吐露真理，所以有時下場很慘！

這種現象會發生在幼年期，「這不公平」——有時似乎是資優兒童開口所講的第一句話。這是他們在非常幼小時，自己或所注意到的人被不公平對待時所做出的反應。這種敏銳的不平感受難免導致他們質疑法規與權威人物。

高道德水準會在家裡、學校和其他社會場合引起衝突，特別是體制裡的價值觀對正義、公平或真理等問題無法平等運作，或至少達不到兒童所認定的水準。像我們這樣心照不宣，承認某些事有灰色地帶就會被極力效忠道德的孩子看成偽君子，因為他們期望世界上的成年人全部都是美德的典範。

他們甚至難以了解為什麼會意見分歧，因為他們的眼中只看到一個真理或一種正確的意見。這種針對是與非的頑固態度在每個孩子長大後大多會妥協，不過這對知覺非常強烈的兒童而言，卻會是個特別的問題。我們有時企圖不顧真理或勉強遷就別的意見，這被他們看成愚蠢或失策，他們通常不肯忍受這種事情。對於我們倡導卻又似乎不去實行的法規，他們會覺得受騙而覺醒，導致這些孩子產生不信任感和缺乏安全感，進而對權威人物抱持懷疑與傲慢的態度。

這些有高度知覺的兒童需要學習信任自己的知覺，同時明瞭別人有其極限。這意謂他們必須獲得成人的支持、回饋（針對領悟的準確性）與一些幫助，才能了解別人的想法和感覺。他們尤其需要知道，大多數的人都不喜歡別人指出他們的錯誤，不然的話，他們怎麼可能會選擇繼續做些明顯的錯事。

高度知覺也會引導他們找出問題和解決問題。許多資優兒童的父母都說他們的孩子用特別的途徑接觸問題，而且解決的辦法也不平常，這指的是有能力明白含意與認清不同經驗間的關係。

有些極度直覺與敏感的兒童能力過度高強，以致於能夠看穿事物與人心，造成他們被自己的知覺嚇到。他們的能力似乎比較偏向心電感應，不像出自智力，因為他們似乎有辦法看穿心思或預知未來。這樣子的兒童需要強力的積極支持，尤其是假如他們覺得自己該對發生的事負責，他們必須接受輔導，明白那種感覺是天生的，不是學來的。所以，儘管他們該對自己的行為負責，其他發生的事都不是他們所能控制的。因此，他們不應該自責或覺得自己多少該對某件事或別人的行為負責。

質疑權威

承接上節，現在來談談更多有關資優兒童傾向質疑權威的問題（即使所處的文化團體堅決禁止這種行為）。

多數好奇的孩子無所不問，質疑與爭辯是資優兒童心智練習的方式。他們這麼做，有時只是單純為了樂趣，有時有其學習的目的，或只不過是想贏人一籌。具備超凡邏輯與高成長直覺的兒童天生愛辯，而且通常會贏。

你能做什麼？

有些家庭在整個辯論過程中溝通良好，在這種家庭裡長大的兒童通常懂得遊戲規則，而且家庭中最有說服力的成員通常會贏取這場智力戰爭。高直覺兒童經常扮演挑戰的魔鬼，用不同的意見與人爭辯，只不過是為了聽取別人的理論。這些孩子會對別人構成嚴重的威脅，因為如果他們的敏感情緒沒有健全的發展，他們可能十分投入比賽，而且不惜任何代價，一心想贏。他們需要了解別人對他們的辯詞會有什麼感覺與反應，然後藉此加強自己的爭辯與增進舌戰的技巧。

另一個幫助他們的方法是，跟他們表示別人不停地被攻擊會感到不舒服。而且，一定要教導和演練其他的社會互動方式，也必須練習有效的解決衝突辦法和協調技巧，以處理一心想贏心態所產生的後果。

再者，可以討論與資優兒童所熱衷跟正義有關的公平理念問題。通常書籍、電視和實際人生際遇裡，以此為主題的都可以分享。問孩子：「什麼時候慈悲比正義適用？」當幼兒哭訴「這不公平」時，試著提出別人也有關係的道理。問這個孩子：「你要求公平只是為了給自己公平，還是為了給每個有關的人公平？」資優兒童具備高等的推理能力，足以討論全球互惠，以及要用合作的方式取代競爭以維護地球的生存。

因為他們每次辯論必定爭勝而且凡事自以為是，否則揚言恐嚇威脅，這種孩子表現出自我觀念低落的跡象，需要特定程度的輔導才能去除根本的問題。

完美主義

智力資優兒童最普遍與最被公認的特質是具備抽象思考能力，除此之外，排名第二可是比較少人知道的特質應該就是完美主義，儘管完美主義直接與第一個特質有關。

你正在懷疑自己的孩子是個完美主義者嗎？他們有多少以下所形容的特質呢？

- 不肯輕舉妄動。嘗試新的事務之前，要先確定自己會成功或得「第一名」。
- 自尊心高低起伏宛如雲霄飛車。得第一名或當自己最傑出時就會覺得棒極了，沒有達到目標的話就覺得悽慘不堪。
- 傾向專注自己。太關心自己的表現，以致於沒有時間關懷別人。
- 為沒有得「冠軍」而懲罰自己。沒有考慮到進步的程度。
- 在沒有動手做或成敗未定之前，先自行放棄。如果某事顯得有些困難或不能保證成功，可能連試都不肯。
- 完成的功課量比同學少。因為過分投入和過度分析每一件事，所以完成的功課就比較少。
- 難以接受別人的稱讚或回饋。
- 不相信別人也具備同樣的高水準。
- 故意拖延時間，還怪罪「時間不夠」以掩飾自認的「不夠完美」。
- 可能難以開始行動，因為害怕做錯或做的不正確。
- 有頑固傾向。避開陌生的途徑或主意，如果可以用自己的老方法做事，就覺得信心滿滿。
- 傾向過分控制自己的情緒，不願意別人知道他的感受。

- 可能會不容許自己真正體會的感覺，或坦然表達情緒，即使是對自己表達亦然。
- 所定的目標不是過分高——如此目標可能達不到；不然就是毫無挑戰性的低，這樣的話，他知道自己能夠達到目標。
- 相信他「等於」自己的分數或成績。幾乎不覺得自己跟自己的作為有什麼差別。
- 鎖定超過合理限度的高超標準，造成他不斷反覆地做一件事情，企圖把它做得更好。
- 不能褒揚他們的成就，因為他們焦慮地找尋下一個目標。

珍貴的特質

完美是一種抽象概念，所傳達的見解是一個人知道什麼是可能的，這個見解始終抽象而且超越當前現實的狀態，完美主義是「現在怎樣」與「應該怎樣」兩者之間的衝突。這麼說來，完美主義是一種積極的特質、一種優點、力求改善事物，引發一個人去達到更高的功能或發展的動機。

完美主義承擔起人類進化的責任，我們不應該從兒童的特質中把它刪除，或因為兒童有這種特質而予以「治療」，我們應該把這種特質培養到世界所渴望的特優極致。

說完了這些好話，雖然我承認完美主義是非常難以相處的，對完美主義者以及圍繞在他們身旁的人，雙方的情況都一樣。完美主義者會為自己定下不切實際的標準，即使別人已經放棄，他們仍然會持續下去，而且會不顧一切地保持他們的眼光。這種情形造成他們有說不出口的痛苦與極大的壓力，因為他們不僅在自己的工作上力求完美，通常也要求別人做到完美。

有時也會因為資優兒童發展不平衡而產生完美主義。當心智比體能成長得快時，心智可以「看到」整個事物，這個孩子就依據自己高超的意識或知覺為自己定下標準。當體能達不到要求的程度，結果產生挫折，就像一個五歲女孩以八歲的眼光用泥土做一匹馬，這個情形看起來像這個孩子定的標準過高、自我表達不切實際、太過追求完美。可是，事實真的是這樣嗎？

當你思考這件事時，這個女孩制定的標準（心智能力）並沒有要求太高，何況這個標準如果與心智相當就算是合理。幫助這樣的兒童要用心智超前這個理由去吸引他們了解，同一個人的身上，各個部分有其限制。你也可以向他們解釋，人體的不同部位各有不同的成長速度，用這種說法幫助他們，並且再度向他們保證每個部位最後都會趕上。

處理完美主義時，這個兒童需要認定完美主義是一種達到特優程度的積極途徑，而不是一件消極的事，不會造成一個人用來責備自己徒勞無功或是種過錯。

總而言之，完美主義者需要別人給予幫助，去運用這種特質而不是去濫用它。

如何幫助你家追求完美的孩子

1. 幫他們定出優先次序

首先，要有效地運用完美主義，也就是說，一定要教孩子如何制定優先次序，沒有人可以一次在許許多多的地方都達到完美。這是個保證有效的方法，用來對付極度有害的挫折。舉例來說，如果某個生物作業非常重要，你的孩子是否肯將就，讓科學考試就這麼一次得個乙等。另一個可行的積極辦法是別用「過失」這個字，改成「學習的經驗」或「實驗」或「通向未來成功的步驟」等。我用愛迪生的故事解釋這種方法：

> 愛迪生為了發明電燈，在找到正確的燈絲之前，試過一千五百種不同的纖維。做完最後一次實驗時，有個助理問：「愛迪生先生，請問你對歷程一千五百次失敗才成功有什麼感受？」愛迪生回答：「不對，它們不算是失敗。我們現在知道有一千五百種纖維燈泡不能用！」

2. 幫助他們設定合理且達得到的期望

期望每個學科都表現同樣優秀，對他而言是不合理的期待。假如他在數學上有超凡的能力，他可以朝向或可能已經得到甲等評分。可是，如果他的才能和興趣不在作文或歷史學科，他在這些方面的表現成績可能就達不到數學的水準。你要堅持的是，他每科都要下足夠的功夫，不過，一定要讓他知道，自己能力較弱的學科得不到最高分不要緊。他也需要別人幫他認清自己真正強在哪裡和弱在哪裡。因此，你要幫助他確認才能與興趣的強弱地帶。

確認的有效辦法是運用七種智力，這點早先提過，除此之外，要鼓勵子女發掘自己特別聰明的地方，這樣才不會凡事要求完美。

3. 不要批評

這些兒童經常為了達不到完美而自責，因此我們講話要小心用詞，也要注意肢體語言和臉部表情，雙眉深鎖或面露失望的神色都可能使積極鼓勵的言語失效。

4. 為他／她安排新活動

如果你先設定參加新活動的期限，這樣他會比較容易同意參與。例如，老師指定活動時，要試著讓老師知道你的孩子所選擇的活動跟往年的完全不同（完美主義者會持續選擇從前得過高分的活動）。你請老師對他說：「下次你可以選擇你要的，不過這次我要你嘗試新的活動。」或者，如果他不願意參加露營，而你正企圖說服他，你可以對他說：「我希望你先去住個兩、三天，然後我們才一起決定你是否該住上一個禮拜。」完美主義者通常會愛上新的活動，如果你能設法使他們踏出第一步。

5. 表明你不注重成績

完美主義者傾向認為自己等於自己所做的事。無論在哪一方面，他們「等於」他們所得到的分數或成績。千萬小心，別過度慶祝高分也別周密地分析成績，該多注意的是「完美」所滋生的結果。

6. 營造安全的環境

學校與家庭都應該是個比較注重努力而不在乎成敗的地方，兒童永遠不應該因為成績「中等」而緊張或難過，你要用言語和動作讓他們知道，不管情況如何，你都會支持他們。

7. 集中焦點在努力與成功

假如考試錯一題或成績有一點點低落，使他變得憂愁，你就要試著幫助他看到自己做對的部分，注意力不要停在「我這裡做錯」。完美主義者傾向反覆咀嚼過錯，而且把未來看成充滿失敗的可能。要提醒他去回想過去的成功。

不要幫助他們定立完美的目標（或計畫獎賞）

千萬別挑釁他們去得全部甲等或考試滿分，永遠強調適當的成績水平和合理的標準。

> 完美主義兒童通常有同樣完美主義的雙親。
> 所以，請非常誠實地自問：
> 「是否把力求成績完美的想法投射給子女？」

完美主義者需要別人對他們的想像力有信心，我堅決認為我們需要呵護他們這種特質，而不要糟蹋它。不過，我們的子女需要我們幫助他們「處理」完美主義，這樣才不致於過猶不及。這是我希望在本節中討論的。家長在這裡應該避免的錯誤是一不小心掉入陷阱，成了他們的工作夥伴。假如你的孩子有想像力，你要支持他去實踐，可別打算經由你的努力使他的夢想成真，這可能會造成一個暴君後來變成無法忍受別人犯錯，因為他有過太多的機會，太多人給他熱情的幫助或助他一臂之力使他的產品達到完美，結果造成後來他認為別人有責任實現他的理想，也有責任對他的失敗負責。

給年輕的讀者：十種處理完美主義的辦法

你可能早就聽過這些辦法，所以你會一下子脫口而出：「哎呀！這個我全部知道啦！」我倒要考考你，看你是否確實做到這些「沒什麼了不起」的辦法，使生活過得更輕鬆。

1. 運用想像力

在你開始做一件事之前，先想像自己正在做這件事。想像自己正在回答考卷上的問題或流利地回答口試。積極地自我想像是一種技術，許多想克服緊張和獲得佳績的運動員都試過這種方法。這個辦法在任何情況下都可以派上用場，譬如，事先在心裡練習，想像如何邀請別人跟你一起出去。

2. 切莫重新開始

了解「部分」的細節可能需要修改或變更。要捺住情緒，別把所有的事情一併拋開，而另起爐灶，重新開始。

3. 記得永遠有下次

當你評估自己的工作、表現或任何事時，試著聚焦在積極面，用「我知道……」這種方式思考，然後，去想些你一直做得很成功的事。只有這樣，你以後才可能想到下次可以改善。要認清楚事實是你有能力而且願意在下次改進。

4. 追求個人才華淋漓盡致發揮，不是各科全面優勝

你的成績進步了嗎？你現在比上個月、去年或任何時期進步多少？運動員都採用「最佳個人才華」辦法填寫記錄表和慶祝個人的成功。提到這裡，我要同時加上：別盲目地崇拜不切實際的角色楷模，電視、廣告、錄影帶和電影總是把「完美人物」推到我們的面前，可是，世界上沒有真正那麼完美的人，每個人都有缺失，把個人的才華發揮到極致才是上策。

5. 你會笑自己嗎？

你會不會過度認真，以致於本來可能一笑置之的事變得生氣、有罪惡感、焦慮或尷尬？你不妨就此跟親朋好友查證一下。

6. 自行遏止完美企圖

不管完美主義何時出現，你要懸崖勒馬和覺悟，及時考慮當時的時間和場合是否絕對需要完美？你可能剛完成一張生物圖卻同時注意到有個地方可以改進，這時要自問，除你之外，是否有人真的在乎這點差別。是否有別的事需要你做得完美來讓周遭的人有更大的福利？你能不能命令一下自己，如：「幹嘛，＿＿（糗自己一下），省點勁！」

7. 說出你的感受

不管感受如何，要練習自己跟感受交流，也要跟家人與朋友分享感受，因為你講出來就能針對這些感覺幫助他們了解。你可以應用這個鐵則說：「當＿＿的時候，我會覺得＿＿。我希望你能＿＿。」

8. 不要畫蛇添足

聽從老師的作業或功課指示，不要企圖自己加油添醋。假如老師要求「東」，你幹嘛加上「西」？要考慮到父母、老師和有關人員的期望，你的期望是否跟他們的一樣？你是否畫蛇添足，為自己定下根本不需要的額外規則或期望？

9. 學會設定優先次序

你有什麼才能和興趣？你的才能和興趣所在才需要你個人的最佳表現，別的地方並不需要你做到完美。你要試著提醒自己，有些地方只能得到中等，因為你不能浪費自己的才能，分散精力，要下定決心，選擇哪裡該用上自己的完美主義。

10. 輕鬆自在

你需要輕鬆自在地面對別人的回饋，並且把它看成是些資料而不是批評，你要能夠從那裡學到一點東西。當事情演變的結果出乎意料之外時，別認為那是個失敗，要輕鬆地接受一個觀念，知道有些事情無法達到圓滿卻可從中學習。在任何情況下，都要擷取最佳的部分，然後繼續往前走。

壓力管理

資優兒童跟任何人一樣容易感到壓力，事實上，因為他們發展不平衡、敏感及完美主義，使得他們更為脆弱。在許多極端的個案中，壓力甚至會導入想死和自殺。有個專家描述：

> 主要的困難是……為什麼有些青少年似乎沒有感到這些生活的壓力會對他們的自尊有負面的衝擊；而其他的青少年，看起來像心理很健康的同儕卻感到這麼地痛苦，認為自殺才是解決的辦法。

一些跟資優有關而常見的壓力有：寂寞、覺得需要隱藏能力以取得別人的接納、標準過高，以及學業壓力。另外，極度情緒緊張和容易過分敏感，這兩個特質令資優兒童有壓力的生活雪上加霜。

小珍是個六歲的女孩，能輕易地看懂報紙。她看到一篇報導描述有人被故意下毒，從此以後，她開始作中毒的惡夢。不久後，她開始堅持媽媽檢查所有她要吃的食物以確定其中沒有毒藥。

約翰是學校的游泳隊選手，學業成績優秀而且是校刊的編輯。有一天，他沒有出席游泳練習，他沒有藉口或解釋就只是再也不肯游泳。

凱倫已經被一所藝術與芭蕾學校錄取，她覺得快樂與驕傲，因為她知道父母對此感到歡欣。錄取後沒多久，她開始有了一些神經質的習慣，像咬指甲。從醫生那裡得到的唯一診斷是她感到緊張和焦慮。

這些資優兒童都處於嚴重的壓力之下。

「逼人」的父母

許多人看到資優兒童有壓力，馬上就假設是被父母「逼」出來的，這個現象多麼有趣，他們公認壓力的主因是父母與老師期望過高。而且有許多人執筆，企圖顯示這些野心和兒童感到壓力兩者之間的關係。壓力跟別人期望過高有關，這種想法當然有幾分真實，卻不全然正確。因為，有些兒童的父母野心勃勃且幹勁十足，他本人卻逍遙自在。其他的兒童似乎非常焦慮且一心追求成功，卻有達觀隨和、對子女只有普通期望的雙親。就資優兒童而言，僅是父母施壓並不像是造成壓力的原因，不過對有些資優兒童來說，為了迎合別人的期待，他們會更加勤奮向上。

一個不僅是父母，連老師與社區人士都期待能有成就的兒童，可能確實會感到壓力。小城鎮裡享有獎學金的運動員、高中裡的奧林匹克優勝選手、學校裡唯一刷新全國比賽紀錄的名人，全部都可能因為他們身分獨特而感受到壓力。

以循環現象來解釋資優兒童，成就後面緊跟著的是期待更高的成就，尾隨更高的成就後面的是期待更加高的成就，一直無止境地盤旋，因此，兒童認為不管他們再怎麼努力，永遠得不到足夠的成就。

內在與外在動機

那麼，我們是否有辦法打破這樣的惡性循環呢？可行的辦法是幫助兒童把外在動機轉變成內在動機。外在動機得靠別人贊同、認定和獎賞，一旦這些因素不存在時，兒童便會變得非常焦慮，到處尋找慣用的方式來評估自己的表現。另一方面，內在動機的特質是自我評價而且排除別人的意見，兒童本身有一套自定的標準，用來自行判斷自我的表現，兒童會變得比較自主，也更相信自己的能力。

譬如看考試成績時，你會指著分數說：「你的法文得甲等，這是你期望的嗎？你認為你應該拿甲等嗎？」或：「我看到你的歷史得乙等。那是你所能給予自己的嗎？對你來說是多大的挑戰呢？」這樣才能幫助兒童決定他們要付出多少心血才會達到滿意的程度，而不是他們滿不滿意實際的成績或分數。

並非所有的壓力都不健康，壓力在低程度時能提高精神與警覺，也能促進功課進步，壓力程度高時則會干擾讀書。

壓力的徵兆

壓力是個人感到無法對抗環境時生理所做的反應，它是個信號，警告自我處於危機，當這個信號遭到忽視時會導致身體生病，跟著發生沮喪，甚至動起自殺的念頭（在極端的個案裡）。壓力表露出來的徵兆有頭痛、情緒變動、倒胃口、疲勞、睡眠失調或難以入眠、尿床、咬指甲、恐慌後焦慮、憂愁、過度敏感、潰瘍、皮膚紅疹和呼吸不順。

有些資優兒童參加過多的校內活動，開始時看起來像個充滿幹勁的商人，從一場會議趕到下一場會議，始終到處奔波。假如他們開始出現上面的任何徵兆，治療的方法跟建議忙碌的商業總裁完全相同——改變生活方式。他們需要學習放慢腳步、幫忙找出時間休息、正常地進餐和消遣。最重要的是，這些聰明的兒童似乎忘了他們還只是個孩子，他們需要遊戲。我們一定要鼓勵他們放棄一些課業活動，改成每個「正常」孩子所從事的非課業與隨意的活動。

在許多資優兒童的生活裡，另一個重大的壓力來源是，他們經常被要求去決定根本超過他們能力範圍的事，這或許是因為被「智齡」矇蔽所致；成人期望兒童做出困難的決定，是因為他們有優秀的推理能力，然而，這種高超的能力並不會考量情緒，何況如果叫兒童超出成熟範圍做選擇，他們可能反應出排斥、疑惑和焦慮。

解決這種情況的訣竅是准許兒童參與決策過程，不過要小心地引導兒童驅向正確的選擇。我看過許多狀況中，父母為了迎合孩子的願望，堅持老師應該放棄比較正確的判斷，這樣做並沒有考慮到事實上孩子的願望對他自己並非最有利，而且還會危害日後健全發展。雙方都滿意的決定一旦達成，就不要顧慮這個決定會帶來什麼結果，只要支持子女就好。親子聯手拋開雜事，聆聽子女的意見，不僅要對結果負責，也要避免受到操縱。假如兒童似乎渴望做決定，那麼，你要明確地表示你支持他的決定，而且需要的話，你願意做為他的後盾。

預防壓力

等到兒童壓力過重才想亡羊補牢，絕非明智之舉。從預防的角度來看，壓力管理是個該學會的重要生活技巧。

對於容易受到刺激的年幼資優兒童，父母可以在臨睡前，用唱歌的方式幫助他們放鬆情緒，或在夜晚採用其他的安撫辦法，包括背部按摩、聽柔和的音樂、做舒活筋骨的體操。對於年紀較大的孩子，父母要用鼓勵的方式幫助他們，鼓勵他們討論自己對問題人物或情況的看法，也鼓勵他們察覺別人的期待，並且幫助他們從依賴別人的評價逐漸轉為自我評價。

父母可以使子女預先準備以處理可能的壓力的辦法是：

- 著重培養積極的心態與健康的身體。
- 學習泰然的處世態度，明白天底下沒有解決不了的事。
- 養成目標與方向感。
- 建立與維持一個強力的支持網。
- 學習有效的時間管理。
- 懂得辨認與順從你的感受。
- 採用有系統的方式解決所有的問題。

處理壓力的步驟

有一套專門設計用來處理或對抗壓力的步驟，如果教導兒童按部就班去做，就能幫助他們克服緊張的情緒。

1. 感應身上的壓力。
2. 停止引起痛苦的互動。
3. 離開現場。
4. 找個地方獨處。
5. 明白感受。
6. 表達情緒。
7. 做可以放鬆精神的運動。
8. 試著推斷壓力的成因。
9. 從不同的角度看這件事。
10. 構想解決衝突的對策。
11. 實現計畫。

讓我們來仔細看每個步驟

小孩子可以學會處理消極的情緒，這些情緒通常會跟壓力這種危險的生理徵兆一起出現，有些人的不同情緒會反應在不同的身體部位，例如丟臉或尷尬會臉紅；突然嚇一跳會心跳劇動或肚子抽搐；生氣時感到背痛；挫折感使脖子或肩膀發酸。問你的孩子：「你覺得怎樣？」、「你的身體哪裡有反應？」、「別人羞辱你後，你的身體哪個地方會有反應？」、「你覺得同一個地方會很痛也會有點痛嗎？」你可以用這樣的詢問方式幫助子女發覺緊張的信號。其他的信號有昏睡、肚子痛、情緒不穩等等。

假如孩子注意到早期的警告信號，就應該試著停止任何會引發壓力的情況。通常，我們能在平靜下來之前，先停住互動並且讓自己離開現場，即使在火爆的爭吵中，也要學會用宣布「暫停」來中斷互動，等每個人都比較平靜後，才再開始討論，這樣做比吵著出門或砰然砸門來得理想。

兒童一旦逃離現場就能把注意力集中在自己的感受上，如痛苦、傷心、恐慌、挫折、氣憤。在這個階段裡發洩情緒是十分有益的。你可以慢跑、擊沙袋（或枕頭）、尖叫、畫圖、哭泣……，每種都可以用來減低緊張和回復平靜狀態。像許多資優兒童發現書寫可以減輕壓力。

情緒表達出來之後，下個步驟是放鬆。情緒已經漲到過度激烈程度的兒童，需要學習放鬆的技巧，才能幫助自己抗衡。放鬆的辦法包括：

- 全心注意呼吸。控制呼吸，直到呼吸變得緩慢和輕易。
- 放鬆身體。閉上眼睛，從腳趾開始逐漸依序向上，告訴你身上的每個部位釋放出緊張、壓力和束縛。
- 想像一處安靜、平和的地方。運用你的想像力把自己帶到那裡，同時在這個「特別且安全的地方」練習放鬆的方法。

當心情平靜之後，應該嘗試推斷情緒反應的**原因**。別人說了或做了什麼才引起壓力感？別人這麼做的理由是什麼？

下個步驟是**解決衝突**。這是經驗在解決衝突時可貴的地方，每個人都需要想到這個問題或情況有什麼變通的餘地。來自家庭、朋友或其他關心的第三者都可以在這裡幫上忙，同時可以就此舉行腦力大震盪，集思廣益。協調技術在處理可能的衝突情況時可以派上用場，許多兒童不知道如何要求才能得到他們想要的、如何懂得別人想要什麼、如何協調才能達到每個人都滿意的雙贏結局。

最後的步驟是**實現計畫**。假如這個計畫失敗，可以嘗試別的對策。在跟對方協商之前，讓兒童在一個安全的環境裡，給他們機會事先練習對白與談判，這種辦法有時能夠有所幫助。角色扮演永遠是有用的，想像一個成功的結局也有用，因為如此一來可以培養出積極而非攻擊的態度。

壓力管理對直接、主動接觸散發壓力的人有幫助。每個人都必須努力事先預防或克服壓力，而親朋好友的情緒支持也是非常重要的。

同儕關係

同儕團體包括朋友和敵人，是所有兒童生活中非常重要的部分，對健康且快樂成長的資優兒童也同等的重要。我想大部分的家長完全了解這點，因為他們通常注重子女的社交動態勝於學業成績。如果你不同意的話，請看一下接下來的尼爾案例。

尼爾幾乎不曾跟其他的兒童有過往來，在幫助他啟發頗為卓越的智力時，全然沒有幫助他學習人際處理技巧。兒童待人有其極端殘酷的一面，尤其是對待一個「不搭調」的人。不幸的是尼爾的父母不懂他的愁苦，他們企圖用一些話為他打氣，如：「棍子跟石頭能夠打斷你的骨頭，別人講的話卻永遠傷不了你。」這真是無稽之談！

資優兒童所擁有的同儕團體跟其他兒童的可能有些微的不同。首先，他們會有來自不同年齡層的朋友，如果你記得這些兒童具備幾種不同的年紀（例如，思考力超前兩歲，情緒落後一歲，下圍棋超前四歲等等），這麼一來，他們在不同的場合就可能跟不同年齡的人來往，所以這種現象應該不足為怪，還要加以鼓勵。尤其別擔心朋友年齡較大，因為許多資優兒童確實樂於跟成人朋友來往。他們還發現知識廣博的成人可以做為激勵夥伴，幫助他們增加一般知識。

十五歲的尼爾無疑地是學校裡最聰明的孩子，但也是最不受歡迎的孩子之一。無論何時，只要一有機會，就會有人找他打架或埋伏在黑暗地方，以刺他作樂或把他推倒。他似乎從來就不擔心這些事，直到有天下午，他的臉色變得蒼白並且說他覺得不舒服。他像平常一樣被其他男生嘲笑，直到他突然彎腰和嘔吐，吐出來的幾乎全是鮮血。

檢查後發現他十二指腸有穿孔及潰瘍，需要手術治療。過後，在接受輔導時，他坦白地說他厭惡感到仇恨，而且已經開始想到自殺。

內向和外向

如果個性外向又有機會培養出良好的社交技巧，許多的資優兒童會有大量的朋友，通常還會特別活躍。他們的想像力常使同伴猜不透為什麼玩一場新遊戲時，他們從不曾輸過；頑皮搗蛋時，從不露出馬腳，此外，他們的敏感也讓他們知道如何確定別人全都加入了遊戲。

個性比較內向的資優兒童，精神十分緊張。有些資優的女生（特別是在青少年期）和高度資優的兒童都會感到難以交到朋友。這種兒童確實需要單一的親近朋友，如果他們找不到這樣的特定人物，他們真的會非常地痛苦。

有些家長採用強迫的方式逼子女進入社交場合、督促他們多跟別人交談或給他們參與許多的社交活動，企圖「令」他們的孩子外向些。他們所持的理由是孩子一旦試過後就會「自動自發」地樂於交際。你可不要這麼想，在你的孩子尋友或學習交友之道時，提供支持才是要事，千萬不要期望改變孩子的天性。

我們容易相信學校是朋友的來源，因為學生總是跟同齡的孩子一起跳躍嬉戲。我們之中有許多的人確實相信兒童需要跟同齡的孩子來往，但卻沒有顧慮到能力問題。這種想法不大適用於資優兒童，因為他們傾向跟興趣與能力相同的人建立友誼，這點跟成人交友的方式相同。年齡與性別倒是個次要的問題。

社會關係的重要性

無法與別人「交際」的兒童可能會疏離社會、損害自我觀念、有反社會態度、退出社會關係和沮喪。如果資優兒童表示希望交朋友，一定要重視這個願望，父母需要幫助他找到朋友。這是我呼籲組織資優兒童團體的一個理由，這樣做能夠讓他們彼此認識並且知道各自的興趣。其他可能交到朋友的途徑當然是校外活動，現有的兒童校外活動中，受到普遍歡迎的有棋藝社、跆拳道或柔道、戲劇排演等等。

假如資優兒童有社交問題，原因可能根源於他的態度或社交技巧，不然的話，就是他周圍人物的態度。

在學校無法跟別的學生融洽相處可能就是一個信號，警告這個兒童需要別人幫助他學會交際技巧、了解別人、用幽默的態度看自己和事件，以及用肯定的態度取代攻擊。不過如果說，人際關係失敗或許是由於缺少任何一項這種特質，這種想法是個很大的錯誤。即使是最世故的資優兒童在他們的同儕團體裡也同樣有問題。比較常見的問題是：

- 社交孤離（缺乏真正的朋友）。
- 被年長同學欺負。
- 沒有人分享遊戲的樂趣。
- 幾乎沒有人能夠分享興趣。
- 對別人期望過高。
- 別人敵視他們的能力。

可能妨礙兒童跟同儕建立良好關係的另一件事是感到「跟別人不同」，這種感覺對許多的資優兒童而言十分普遍。任何一個孩子感到自己跟別的孩子不同就會覺得「我哪裡不對勁」。一向不知道自己是資優或已經被認定資優卻沒有人告訴他資優的事實，這種兒童可能早就感到不受別人歡迎以及不如別人。

資優兒童可能被其他的兒童作弄，還會在不同的地方不時地遭到辱罵。他們需要別人幫助他們學會如何對這樣的笑罵採取反應，如此一來或許可以改變別人對他的看法。更重要的是，他們應該得到幫助，學會不把這種事放在心上。

兒童唯有先學會喜歡或愛自己後，才能學會喜歡或愛別人。這個過程通常包括下列步驟：⑴自我意識；⑵感受家族溫情；⑶感到被了解與接受；⑷自我接受；⑸了解別人的不同；⑹學會了解、學會接受和感激別人。

另外，有些家長發現危機，是因為他們的孩子有過多的朋友。他們當時可能認為這樣的友誼看起來隨便或膚淺，不必加以鼓勵，因為其中包含不同的年齡、能力、社會背景或性別。我要再次強調，特別是對資優兒童而言，友誼是基於多種的需要。童年的朋友多半不會持續到成人期，因為需要與興趣隨著歲月的流轉而起了變化，而且會有新的朋友出現。不過，高度敏感的資優兒童也會有終身真正的朋友。

父母能做什麼？

如果有嚴重的問題存在，父母可能需要尋求援助。假如問題不太嚴重，學校與家庭或許可以攜手合作並提供場所，安排而來的友誼可能就此從中滋長。學校經常有家長找上門，要求校方針對操場或課堂上不愉快的經驗採取一些行動，老師也不時地遇到資優學生與同學之間的磨擦，可是如果沒有家長的密切配合，根本就愛莫能助。許多社交技巧必須在啟蒙前開始學習，如果沒有培養妥當的話就可能需要在家裡練習。此外，學校也不要一直用處罰的方式對待欺負資優兒童的學生。

交朋友是需要跟別人建立起良好關係的，嗜好相同、彼此惺惺相惜、甘苦與共等只是少數幾個培養友誼的要件。對兒童而言，友誼一開始是探索而且是試驗。

這裡有些個案研究可以做為案例，說明父母應該做什麼。

安德魯五歲時開始上學。他已經會說英文和德文，而且還會讀與寫。他覺得學校的功課很輕鬆，卻對遊戲與分享活動這個學習項目感到困難。於是媽媽跟老師聯合起來幫助他，媽媽自願到學校的擊劍室當義工，這樣，她就可以在休息時間到教室裡，看有什麼事情需要加以改善。結果安德魯先前情緒爆發、攻擊行為、不能忍受別人或哭泣等反應都逐漸消失。在他學會如何像個五歲兒童般玩耍，以及會用社交技巧（包含媽媽與老師的協助）去為自己爭取後，友誼開始產生。

在這個案子裡，媽媽在學校出現是一大幫助。因為老師在休息期間很少有時間去特別留心一個孩子，而如果不是上班期間，老師們也需要喘息以紓解他們自己的壓力！

傑福瑞十一歲，許多人可能會覺得解決他的問題所用的辦法很奇特。他轉學後學業成績十分優秀，幾乎每方面都達到資優標準，而且每個跟他有接觸的成人都印象深刻。有個觀察

> 力強的老師注意到他有個問題，就是他交不到朋友，而且一走出教室就孤獨無伴，他在休息時間裡看似活躍且融入，有目的地從一個地方走到另一個地方，從一個團體走到另一個團體。他通常會停下來跟操場上值班的老師寒暄。但是他的問題是他不曾跟任何一個學生有深入的來往，而他很懂得掩飾沒有朋友的事實。到了十一歲時，他再也不想要交朋友了。在需要交際的場合，像學校的休息時間，他會用障眼法隱瞞事實。他會自己應付，不必牽涉朋友。

從傑福瑞的個案來看，問題並不嚴重，不過，我們再次看到學校與家庭聯手合作，提供場合，使安排的友誼得以成長。因此當時成立一個團體，這個團體需要用到傑福瑞的電腦才華，所以邀請他出任校刊的副編輯。除此之外，他加入高中附近的一個管弦樂團，那個樂團歡迎年輕人參加。現在，他有機會跟興趣相投或能力相等的人交談。

在這兩個男孩的個案中，成人並沒有試過用強硬的方式製造友誼，他們只是試著讓友誼能夠比較容易建立起來。這個辦法對安德魯有效，因為他學會如何融入他的團體。傑福瑞安於自己的方式，再說，他的問題在他很小的時候就沒有解決，所以只能等時間演變，才能知道他的社交狀況是否改變。

對資優兒童進言

假如你們這群年輕讀者之中，有任何人現在正想要別人幫助，讓你可以更受歡迎。那麼，你需要先問自己：你在做什麼？你沒有這麼活躍時，日子是怎麼過的？

不妨問自己一些問題：你是否對不如你聰明的人頤指氣使？你是否對得分較低的人賣弄你那聰明絕頂的智慧？你這麼做可能得一時之樂，不過就長遠來看，當班上的同學都不要你時，你會覺得非常寂寞。

做為（和感到身為）頂尖人物，像是一件優質的鐵甲，看起來可以預防你免受傷害，可是它也阻止了別人親近你。

當別人不能像你一樣很快地進入狀況時，你是否曾經不耐煩或發脾氣呢？再次提醒你，任性是短暫的，不過，表現不耐煩的長遠下場卻是恐怖的。

如果不主動去學習，你就不容易學會社交技巧。你的社交技巧通常跟你的父母相同，因為你從他們那邊學會如何跟人相處。如果你對自己的技術（或父母）感到不滿，別擔心，因為這裡有些事你可以做。

第一，上圖書館與閱讀。圖書館裡有許多書關於如何做個好朋友和不同的情況與場合下什麼樣的行為才合適。

第二，觀察眾人歡迎的人物。別誤以為你一定要穿得漂亮、長得標緻或才華橫溢才會受人歡迎。假如你確實研究受歡迎的人物並且分析他們的行為舉止與動機，你會開始明白到底什麼因素使眾人喜歡他們。這個女孩人人喜愛，是否由於她是個好聽眾，因為她確實聽進別人對她所講的話；那個男士十分受人愛戴，因為他非常幽默，他常跟別人一起笑，但不是去笑別人。你還注意到什麼？你自己能試著做什麼？

受人歡迎最有效辦法之一，其實非常簡單：人們喜歡確實在聽的人（而且要守口如瓶）。這個辦法知易行難，你不妨一試。

第三，研究讓你精神緊張的人並且分析原因。一旦你開始研究，同時也會從中學到許多的東西。你會喜歡下面這幾種人嗎？

⑴滔滔不絕地強勢爭辯，使你連開口反駁的機會都沒有的人。

⑵對每件事都緊張兮兮，令你在五分鐘內累倒的人。

⑶非常喜歡聽自己講話、只重視自己的意見、不能不當焦點人物的人。

⑷非常自我專注的人，無論發生什麼，他們總是相應不理或甚至充耳不聞。

分析過情況後，你可以練習一些適合自己的行為，但是不要嘗試與本性相反的行為。如果你是安靜、內向型，別試著模仿活潑奔放的辣妹型。你可以嘗試對看起來友善且似乎不會拒絕你的人說個笑話或寒暄幾句，然後，問些問題和聽對方的回答。我認為這樣做不會有太大的壓力。

現在來談，以自己的能力去結交朋友。你是否能夠採用沉默且低調的方式，自願幫助一個在某方面有困難的朋友呢？假如你是個運動員，你是否願意伸出援手幫忙別人改善技巧？一定要記住，千萬不要覺得在施捨，也不要高傲或標榜那些事情或技巧對你而言是雕蟲小技。

加入你真正喜歡的組織。如果校內的棋藝社似乎不歡迎你，不妨去參加一間不認識你的市區棋藝社。無論在什麼地方，都要快樂地做應該做的事——自願助人，並且貢獻你的好主意，即使沒有人在意也不要灰心，不論你做什麼，切忌高傲！

如果別人不懂你的幽默感，不要強迫別人發笑，不過，要隨著眾人的喜樂且與他們共樂。換句話說，要為歡笑而歡笑，欣賞的是歡笑的本身而不是引起歡笑的理由。

被人厭惡是非常痛苦的。失去你已經認為是朋友的人也同樣令人痛心。假如你覺得極度孤獨與無用，要尋求援助。切莫加入看起來喜歡你和籠絡你結黨卻心懷不軌的團體，譬如說，要求你一起做些犯罪或吸毒的勾當，那簡直是浪費時間。

特別給資優女生

> 亞當問上帝說：「告訴我，上帝，你為什麼要造女人？」

上帝說：「這樣你才會喜歡她們。」
亞當問：「嗯，你為什麼把女人造得這麼漂亮跟柔和？」
上帝說：「這樣你才會喜歡她們。」
亞當問：「嗯，那麼，你為什麼把女人造得這麼香？」
上帝說：「這樣你才會喜歡她們。」
亞當問：「嗯，不錯，可是，你為什麼把女人造得這麼笨？」
上帝說：「這樣她們才會喜歡你。」

我在這裡即將討論的或許不是單純針對女生，而上面所提的笑話（我的用意在淡化一個沉重的問題）絕對是用來講給女生聽的。男生可以從本節所談的見解得到助益。

古老的典範是男人喜歡沒頭腦的女人，而今正逐漸改變。你是否曾在電視或電影裡看到智能與成就兼備的女性楷模，她們既有女人的氣質也可親可愛，她們經營出成功的事業，也跟男人保持良好的關係。你們如此的幸運！在我那個年代，這些都是天方夜譚。成功的女人十之八九被說成男人婆和不男不女。

這或許是六〇年代婦女解放運動推動者的過錯，這些婦女領先爭取一些平等，她們認為如果足蹬高跟鞋、身穿鑲邊衣、梳著時尚髮型、珠光寶氣和化上彩妝去遊行與抗爭，所得的效果會有折扣。這樣做只為了一個簡單的理由——她們一直以來穿著得像個女人，但爭取比較好的待遇跟同工同酬時結果卻一直被打折扣。她們之中有許多人採取男人的打扮，努力否定自身的女人氣質；她們穿著鬆垮的衣服、留著直且通常亂的頭髮、不化妝甚至穿上戰鬥鞋！男人得到的訊息是：我們不需要你！有的男人仍然把這種訊息跟有成就或聰明的女人畫上等號，遑論這種訊息是否公平或公正。

刻板的婦女形象並不是資優女人找不到合適男友的唯一原因，不過，它的確會影響到男女關係。下面所描述的翠西個案可以為證。

翠西遇上史蒂芬，雙方看來的確是一見鍾情。史蒂芬跟他的朋友說她絕對是個可以固定的對象。翠西也跟她的朋友說他正是那種她情願終身廝守的男人。

這種兩情相悦的幸福日子持續了六個月，然後，史蒂芬就開始對翠西全盤挑剔。他抨擊她的穿著、髮型、朋友、活動等等。可憐的翠西迷糊了，因為她從來就不大改變平時的衣著、髮型或擇友的標準。

翠西心力交瘁，更糟的是她無法理解為什麼史蒂芬會這麼做。其實，連史蒂芬本人也無法解釋自己的行為。

他們的問題儘管情節十分曲折，事實卻非常簡單！翠西是個九年級的高材生，修了七門課，多數成績不是甲等就是乙等。史蒂芬的成績屬於平庸，只有一門體育課表現相當出色。翠西的聰明才智令史蒂芬感到不平衡。起先，她的伶俐討他歡喜，因為她從來就不曾讓他感到無聊。後來，他逐漸覺得她不時地在學校裡以勝利者的姿態對他擺起架子，使他覺得低她一等。

這一小則可悲的教訓在時下許多號稱開明的社會裡卻真實存在。男人的自我很難為了一個女人的聰明就重視她，何況，說實話，許多女孩有時智慧顯露得不夠聰明。許多聰明的女孩在無意間失去男朋友，因為她們不經意地批評、責備或炫耀自己的才能。太多太多的男人像史蒂芬一樣，需要每個地方都比他們「弱」的女朋友，譬如說，年紀輕些、個子矮些、體力差些、還有腦筋「鈍些」。

這個原因導致許多資優女孩隱藏她們的才華，特別是在高中時期。小學時，小女生比小男生「表現優秀」似乎可以接受，這從看每年的頒獎典禮就可確信這個事實。然而，當相同的男、女生長到十幾歲時，他們開始用不同的眼光彼此注意，男生開始發憤圖強，愈來愈注重學業成績，而且再也不肯輸給女生。在工作場合裡，連成熟的男人都認為聰明的女人是個威脅。

因此，資優女生應該要非常機智，並且記住男人在許多交際場合裡被賦予重任。他們必須表現的「雄壯威武」，這樣做並不是他們的錯，同一個社會要你遵守刻板婦女的角色，也會同樣嚴格地規範男人的職分。

世上會有男人欣賞真正的你，只要你能尊重他們的缺點跟精神。試著不要誤入陷阱，抑制你的聰明才智去迎合一個看起來理想的男人，這樣長久下去會造成你的壓力，難免不歡而散。所以，要保持自己的真面目，但是要學會機智，記得男人處處講求本位主義而且非常容易感到被人排斥。你要向兄長請教，並且觀察自己通常如何對待別人並且尋求朋友的回饋。

此外，要學會讓自己散發快樂與溫馨，眾所周知溫柔的個性比容貌更能打動男性。你要保持女性氣質，不論你是否覺得外貌吸引是膚淺的，都要穿得像個女人。再者，希望你能遇到一個男人，他懂得沒頭腦的女人十分無趣。真正聰明的人重視智慧，會用第三者的超然態度處世，但事實上，沒有一個大專院校的男生願意跟腦袋空空的女孩約會，不過這或許只會在你高中畢業進入大專後才會發生，這種類型的男孩才可能是你夢寐以求的對象。

職業選擇

當今這個時代，這節的標題採用「生涯規畫」或許比較適合時宜。同一個職位做上四十年的光景，已經逐漸變成過去的往事，隨著時代的變遷，轉向職業多元化。一個人一生中平均換四次工作，而且其間的確有時會有失業的可能。許多人把眼光拓展到更大的世界，特別是資優的人，他們選擇的工作地方要能營造有意義的生活，並且以服務的角度看，對整個地球社會有所貢獻。

察覺社會問題加上對社會有責任感（追求目標的同時能感到快樂），以及期望在社會上出人頭地，這些資優人士的特質影響到他們的人生計畫。許多資優的人要求工作有保障，可惜幾乎沒有人滿意當前的狀況。除此之外，還有其他的事情使資優的人特別難以選擇職業，以下讓我們來討論其中一些問題。

多項才華

成功的職業選擇通常根據能力、興趣、個性和個人性向。能力與興趣的數量和範圍使絕大多數的資優兒童難以下定決心從事一種工作。基於這個理由，性向測驗和興趣量表根本就不能幫助他們選擇職業，因為這些測驗只不過是告訴他們一些他們已經知道的事：他們有能力攻讀不同的領域而且興趣是多方面的。

這些年輕的孩子正展現多才華或多潛能，老師或職業顧問給他們的結論通常是「你做什麼都行」。天啊！這樣講不僅沒有幫助反而有害，因為這麼說豈不是在否定他們現有的一切，把他們擺在旋轉不停的踏板上，繼續發展成他們應該有的樣子，卻超過當前能力所及的範圍。

這種多潛能現象會在小學時期出現，我們可以從學校的成績單或考試所顯示的多種不同活動、成就和興趣等觀察到這種現象，也可以從學生延遲決定職業、講錯、誤導或根本就選擇不對的職業等行為察覺到多潛能。最後，可能查出的情形是資優兒童依據同儕的志願、賺錢的潛力與其他現實的理由選擇職業，而不是按照興趣、需求、強烈的既有價值或甚至已經健全發展的才華。

多潛能兒童的特徵

小學時期

- 給他機會去從眾多的選擇中挑出一個主題或作業時，卻難以下決定。
- 嗜好很多，熱度卻很低。
- 完成不了或跟不上功課，即使這些科目是有趣的。
- 許多或全部的學科都有卓越的成績。

高中時代

八、九年級時

- 同樣難以下決定。
- 功課同樣跟不上。
- 多數或全部學科成績持續優秀。
- 交際與休閒活動的種類眾多，可是沒有明顯的偏好。
- 整個禮拜沒有什麼空閒的時間。

十、十一、十二年級時

- 需要決定的問題擴大到學業與職業問題。
- 參與為數眾多的校內課外活動，像運動、社交俱樂部、辯論、戲劇、環境社、奧林匹克競賽等等。
- 在學校、宗教活動和社區組織等廣泛不同的團體中，被推舉或指定擔任領導人，並且多數的表現都得到好評。
- 興趣與職業量表的簡圖呈現「高平」波形，表示興趣範圍超常地涵蓋許多種職業。這些波形也可能意謂太多種的職業各有過多的中等興趣，這可以解釋說，他們非常不穩定。
- 有時會出現壓力與疲勞信號：缺席、時常生病或有慢性疾病、有沮喪和焦慮期，這些行為在功課最緊的期間尤其顯著。
- 選修第三學科的計畫或決策有拖延或猶豫的現象。

大專時期

- 攻讀多種學系。
- 就讀的學科、學系或院校至少變動三次以上。
- 繼續積極參加多種課外活動。
- 關心又擔憂職業選擇。
- 保持優良的學業成績。
- 選擇職業時，表現得倉促、草率或「跟著眾人隨波逐流」。

成人期

- 短期間內換多次工作。
- 多數工作表現卓越。
- 對大部分的工作經常感到「不適合」。
- 縱然表現卓越、評價又高，卻感到疏離、沒有意義、沮喪和冷漠。
- 有時會失業或工作低就。
- 固定會在職位陞遷上落後同齡同儕，而且有時會在社會發展上（婚姻、家庭、社區參與）同樣落後。

我們應該趁早幫助有多項才華跡象的兒童。但願學校的課業輔導計畫能夠滿足這些兒童的一些需求，不過，假如你所聽到的輔導辦法似乎不切實際，或許你可以向部門首長表達你的關懷，你也可以在家裡對他們伸出援手。

下面舉出一些處理的辦法，可以用來幫助多項潛能的兒童。

小學階段

✓提供實際的機會去探索職場。鼓勵家長談論他們的工作情形；參觀父母的工作地方；參觀父母的朋友或專業人員（例如醫生、工程師、教授、藝術家、出版者等）的工作地方。這裡還要加入自己當老闆的企業主，按照非正式的估計，這種企業主是當今勞工界的主力，包括跳蚤市場的賣藝人員、商人、小工廠老闆等等。

✓鼓勵用化妝遊戲方式扮演各行各業。在家裡、教室等地方備妥幾箱服飾和專業制服。

✓鼓勵他們多參加有設定目標的活動，並且按部就班去做，直到完成（例如，參與班上的計畫、獲得童子軍徽章等）。

✓以名人的自傳做為職業教育教材。鼓勵他們參加專門討論名人生活的讀書會，這些名人分布在科學界、藝術界、教育界、政界和娛樂界。

✓幫助老師和家長仔細地評估兒童的技能、才華和興趣，以便幫助兒童認識自己興趣最濃的可能地帶。

高中時代

✓針對工作的意義與價值舉行討論。

✓討論跟工作有關的家庭與社會價值。
✓保持一張工作輕鬆的義工服務參考表，上面記載著與興趣相關的工作性質。
✓給他們「跟班」經驗，讓學生花一天的時間跟隨成人做興趣最濃的工作。
✓勸阻為了歸屬感緣故而過度涉及的社交或休閒活動；幫助兒童定出優先次序並且選出少數可以參加的課外活動。
✓提供適當的職業測驗，測試興趣、個性特質和價值。
✓安排進入大專院校的教室，實際體會一些有趣學科的上課情形。不要漏掉非傳統式的教學場所，當今許多最高薪的電腦工作者都是由家教或特殊訓練學院培訓的。
✓鼓勵他們從事更廣泛的義工服務。
✓列出可能的良師名單。
✓提供以價值為根據的指導，強調選擇的工作要能完全達到所持的價值（請看下節）。
✓勸阻從眾或刻板式的職業選擇法。

高等教育時期和成年早期

✓提供職業諮詢，涵蓋興趣、需求與價值評估。
✓鼓勵他們上職業計畫課。
✓鼓勵他們謹慎挑選課程。
✓幫助學生覓得良師。

✓幫助學生參加目標長遠的事務或計畫，以得到高中後的訓練。

價值的重要性

假如你聽過資優青少年所問的一種問題，譬如說：「哪種職業值得我去做？」、「市面上最需要什麼人才？」和「哪種行業才能夠讓我揚眉吐氣？」這些話清楚地說明他們關心自己的個人價值。這是資優兒童應該探索的重要課題，因為假如他們鎖定一種或多種職業，他們需要知道這個職業對自己有什麼真正的價值、什麼事是他們認為對人或對己具備意義的、什麼是他們打算奉獻生命去做的，他們以此為根據去做出決定。

如何進行職業輔導

下面所提供的一些要點可以用來幫助多項才華的人：

- 為他們準備多種選擇。你可以鼓勵他們在學校學習多門科目（或可九至十門，只要我們現在的教育制度容許）和在最高學府裡，攻讀多種不同的科系。這樣做就能讓他們準備好去進入幾種行業中的任何一行，或在整個成人期間進入不同的行業。
- 幫助他們找出一些職業，這些職業能夠容許他們綜合多種不同領域的興趣。

- 准許他們延遲做出最後的決定。有些資優兒童在相當早期就決定了職業，而且堅守原來的選擇，也有的資優兒童完成學業後還不知道日後要從事什麼工作。試著不要催促他們，最好是讓他們盡可能地探索多種工作。幫助的方法是安排：

跟班	一整個禮拜跟隨一個專業人員，觀察某一特定職業的實際工作情形
實習	在專業場所當學徒，工作一段時間
指導老師	直接跟老師學習，這位老師幫忙他們增加某一行業的知識
社區／義工服務	對老人、醫院訪客、社區機構助理人員等提供引導、募捐、家教與助理等服務
兼職員工	像在公司行號、餐館等地方兼差

這些都能幫助在校的學生獲得實際的生活經驗。

- 討論兼職或做相關工作的可能性。假如他們中意的工作，收入看起來無法支付個人和可能的家庭開銷就必須另有打算。愈來愈多人進入最熱門的技術行業以便「生存」，同時用兼職或副業實現他們的真正理想。舉例來說，音樂家、演員、藝術家、作家和工藝家，他們同時有兩種職業。
- 往往進入某種行業後就完全明白以後會有大的變動。

換句話說，所謂的入行決定並非最終的決定，不像終身誓言，而是一生中連接下來的片段工作。

- 建議是否有可能開創新的工作。資優人員有潛能創出適合本身性向和興趣的工作或調整現有的工作：經由分析或感覺未來會有什麼行業出現，以此預期未來的趨勢就會帶來新的收入。想一想許多現有的行業在我們父母年輕時並不存在，例如生態學者、文字處理專員、電腦程式設計師、網路工作人員，甚至錄影帶店。
- 找出生活的重心。如果鼓勵年輕人回想生活中有什麼經驗最觸動他們的心，他們或許能從中受惠，找到方向。電影、新聞廣播節目、世界大事等等，到底何事深深地刺激他們？這個訊息會引起他們認出特定的生活重心，進而貢獻終身或從此有了方向與目標。
- 下面有趣的研究（註2）或許能做為這個方法的借鏡：

這個研究面談了三十個男人，他們全來自經濟弱勢的移民家庭，其中半數成了有名望的知識份子，另外半數是藍領工人。這個研究的目的是想找出什麼事造成這兩組背景相同的人生活迥異。結果似乎是，在他們年輕的時候（八到十八歲之間），有成就的人各自在生活中找到特定的問題做為生活的重心。他們之中，有一個人鎖定貧窮問

註2：登於1979年出版的《人文心理學雜誌》（*Journal of Humanistic Psychology*）第19期，第45－63頁，原作者是Csikszentmihalyi, M.以及Beattie, O.V.。

題，他的解決辦法是更賣力工作和謹慎理財，另外有一個人專門研究不公正問題，他的答案是讓自己片面阻止不公正。這些成為專家的人從小就看這方面的書，或聽這方面的詳細故事（假如雙親文盲）。閱讀成了他們生活裡的重要部分與活動，占據多數的空閒時間。他們經由閱讀發現世界上也有人跟他們際遇相同，如此一來，他們把自己的經驗推己及人並且著手去想可能的解決辦法，終而定下專業目標和發展出社會感。他們也經由閱讀鞭策自己力求成功。比照之下，留在藍領階層工作的人不曾把任何生活經驗推己及人，也因此更加辛苦地為養家活口而工作。

資優女生與職業

資優女生面對職業問題時有一些獨特的挑戰，她們除了所有資優兒童會遇到的兩難問題外，還有額外的問題要考慮。例如，許多工作仍然被認為不適合婦女；地位與薪資依舊不平等；男人在職場敵視女人（特別是在較高的職位），儘管南非政府已經打算安插婦女出任有實權的要職，敵視現象還是存在。此外，女人希望子女得到周全的照顧，卻難以支付昂貴的育嬰費用；除此之外，她們還認為高壓力的工作跟女人的氣質不相容。

女人需要別人的鼓勵去爭取傳統上以男人為主的職業機會，她們需要信心去承擔風險和處理關於本身能力的不正確想法；也需要知道，當家庭與工作需求出現平衡的問題時，她們的職業生涯會比男人的更為坎坷與不定。

女人需要生活快樂且有專職成就的女性角色典範。這個意思是說，她們應該得到別人的幫助，學會成功婦女的生活方式，知道如何成功地協調婚姻、子女與職業。她們也需要去認識一些事業有成的婦女，雖然她們之中有的選擇婚姻與職業卻沒有子女，有的選擇不結婚。最後，她們也應該認識遵從傳統角色的婦女，如專心持家的母親。

選擇全職工作兼顧婚姻與孩子的女人必須有人幫忙她們制定可行的時間表，才能承擔這些不同的角色與應付各種需求。成功地應付多種角色不是一件容易的事，而且她們在特定階段需要定出目標的優先次序並且努力平息不同時間表所產生的正、反聲浪。

在面臨人生抉擇之際，不管選的是不是職業生涯，仍然有許多有名的女人找到目標，有了使命感。她們用「愛上這個主意」去掌握生活的方向以及完成使命，這個意思是說，堅持按照自己深信的價值、理論或態度去生活。愛上一個主意等於發掘自己的追求或職業的過程。於是，對事務的熱忱轉成專職的使命。

當她們有了深厚的使命感時，資優的女孩和年輕婦女會面臨許多可解決的痛苦問題。愛上一個主意如同發展一種認同，也意謂資優的女生曉得自己的特別能力。

父母可以就此提供幫助，你可以先指出資優的女兒是多麼地熱愛某項活動，因為有時甚至早於她本人查覺。對話會像：「凱西，你花了許多功夫在詩上，你真的喜歡創作是不是？」或：「凱西，你總是擔任一些領導的職位。做為領導人物似乎成了貫穿你一生的主軸。你應該考慮一種能夠讓你領導別人的職業，因為你在這方面很有才能和熱忱。」你這麼做，就是在允許女兒愛上一個主意和幫助她成功，這或許就是你可以給她的最珍貴禮物之一。

簡而言之，資優女生不會光選一種職業。她們所選的是一種生活形態，其間會有利、弊，因此需要非常仔細地考量。

男人角色的改變

趁著討論家庭與職業需求兩頭忙的議題，我要補充說明，這個問題不再專屬女人。隨著更多的婦女就業、空前高失業率與愈來愈多的父親贏得子女監護權，許多父親目前兼顧家庭與工作。這件事也牽連男童教育，他們需要接受日後可能遇到的角色變遷。在南非資優的年輕黑人裡，傳統的男、女刻板角色面臨極大的挑戰。男孩縱然支持女孩的職業企圖心，卻擔憂如何應付自己的未來與新的角色。

資優兒童有一個特質是，他們不會像別人那樣守住刻板的角色。他們對性別角色或其他角色都少有堅決的態度，這種特質在決定職業走向以及後來變更角色的靈活度上，對他們有十分有助益。

男孩在生活中所面臨的特定挑戰將影響他們的職業選擇。當今世界仍然期望男孩去競爭和獲得成功，這稱為「成功陷阱」。男孩被認為比較優秀、比較聰明、更果斷、更有能力、是比較出色的領導者等等。資優男孩可能會被這種態度嚇到，而且幾乎無可避免地被迫投入該文化認定適合他們的行業。

家庭角色

資優兒童有時會影響家庭成員的角色扮演，進而密切影響資優兒童的幸福與健康。假如資優兒童被設定在光宗耀祖的角色上，他們便會被無盡的壓力折磨。另一方面，假如女人生在保守家庭，要求遵從服侍男人的角色和不需要教育，這樣的女孩也可能會感到嚴重的挫折和悲哀。隆卓芙（Joyce Longdroff）寫過一本書叫做《陽台人家》。她說組成陽台人家的是一戶健康的家庭，他們坐在陽台或站在側屋前歡迎你，不健康的家庭組成「地下室人家」，這個家庭的功能處在較低的程度，還試著拉低成員的水準，即使動機是出於關愛。

莎拉的爸爸是個經濟學家，擁有碩士學位，同時也是一所教會的長老，他相信小孩跟婦女都應該在公眾面前保持沉默。他不屑地表示，婦女解放運動像一灘「餿水」，並且認為莎拉應該在結婚、伺候丈夫之前考慮任職一些像祕書的工作。莎拉的媽媽是個柔順的女人，除了當家庭主婦外，沒有見過任何世面，沒有人看過她跟丈夫爭論過任何重要事情。

莎拉的哥哥如同她所說，是個「家中寶」，他在學校的運動和學業成績都很優秀。父母都深深以他為榮，還經常談論他的能力與成就。莎拉的成績事實上總是比哥哥高，她幾乎始終保持各科甲等，而且她的朋友都認為她是全校最聰明的女生。可是，當她的父母談到子女時，他們都絕口不提莎拉的學業成就。

在這個家庭裡，女人除了擔任妻子和母親這種後援的角色外，沒有任何特別價值可言，莎拉的優異學業對他們而言是個笑話。她最後只能在心裡說：「幹嘛用功？誰稀罕！」接著，她再也不肯認真讀書了。

阿雄從上學第一天起就顯得「優秀」。他的父母非常以他為榮，而且不時地誇獎他。他的爸爸經常說：「我們家的希望就看你囉！我知道你將來會比我更有出息。」阿雄也希望如此，因為爸爸的工作屬於較低的階層，陞遷無望，家境清寒。

阿雄喜歡運動，也想跟朋友外出久一點，可是，縱然他的功課依然保持優秀，他不敢怠慢學業，因為他必須確定有一天他能得到獎學金去深造。他感到極大的壓力，而且壓力之下蘊藏著大量的憤怒與背叛。結果，他經常胃痛和頭痛。

阿雄被賦予「家庭英雄」角色，他是家庭未來的支柱，將承擔起家庭的經濟平穩與安全，賺足夠的錢扶養雙親。他是動盪時代中一個平凡家庭的希望。這個角色讓他愈來愈緊張，可能造成他難以保持高水準的成績。

阿明無論是學業、文化或體育活動各方面都極為傑出，造成左鄰右舍都佩服他的成就，也萬分尊重他的家人。他們強迫他參加許多的團體或個人比賽，使他覺得為了維護名譽，心中壓力沉重。在高二時，阿明就自殺了。

阿明是許多可憐的資優兒童之一，他們無法承受身為社區「才子」的壓力。

凱西的父母都是高知識水準的人物，爸爸是個醫生，媽媽以前是個全職的營養師，現在只做兼職。哥哥目前正在學醫，唸初一的姐姐有非常優秀的成績，妹妹也一樣聰明，定期地在學校得獎。他們是個溫馨有愛的家庭，而且分享不同的興趣與活動。

有一天早上，凱西在學校裡看起來很疲倦，她的下眼皮發黑。老師詢問時，她解釋說，昨晚生物功課做到很晚，但她「似乎就是做不好」。

凱西的老師很為她擔憂，他覺得凱西在家裡承擔過重的壓力，她的父母可能用過高的期望在激勵她。

老師對凱西的顧慮並不公平，凱西家裡的每一個人都比普通人聰明，而且習慣得獎，家人只不過希望凱西功課好卻完全沒有對她施壓。凱西雖然會感到家人的期望，卻不至於感覺到壓力。這是她的生長環境，也是家庭的風氣。晚睡及把功課做到完美跟壓力無關。因為家庭溫暖有愛又親近，凱西不會對期望功課良好產生絲毫的排斥感。

這些都只是例子，說明資優兒童可能扮演的多種家庭角色。這樣的角色都可以補救，其中有的是不愉快的，也有的可能是個沉重的負擔。

給年輕的讀者

假如你發現自己卡在這些類型的角色，應該怎麼辦呢？首先你要明白，你的家人跟他們的感覺不在你的責任範圍內，你當然有義務給他們一定程度的忠誠，可是你不必為他們犧牲自己的生活。記住這個原則，然後向外求援，請教老師或輔導員，這對你而言或許難以啟齒，尤其是如果你鍾愛你的家庭。對別人述說家人如何待你，聽起來可能像個叛徒，因此，如果你對相當了解你的人開不了口，或許可以嘗試外圍的支援，你可以打電話到許多大教堂，那裡有負責年輕人的牧師，或者打電話給匿名緊急求救中心；在萬不得已的情況下，少年法庭體制裡有專員可以提供援救資源，特別是被逼到瀕臨違法程度的孩子，此外，社工人員也是求救的好對象。

假如這些辦法都不適用，我仍然建議你去找個人談談，採納客觀的忠告與援助。你有大好的前途等著你，不需要被家庭打擾自己的生活，即使他們是愛你而不是故意要這麼做，你仍然可以在不傷害他們的情況下拯救自己。

沮喪

我加入這個部分是因為資優兒童裡的沮喪問題愈來愈被家長重視。

許多帶給兒童壓力的情境或狀況，也同樣會帶來沮喪。當一個孩子長期處在壓力下，他會逐漸地失去繼續向前走的動機、活力和意願。上一節談論壓力時提到壓力的原因是兒童被過度施壓與過分投入，一個人如果沒有化解過度認真所引起的壓力，結果會變成沮喪。同理，兒童被逼入死角，被要求付出太多的心智能力，通常會從焦慮轉成沮喪。

精疲力竭

當兒童的壓力與焦慮轉變成頭痛和胃痛時，他們卻仍然超越自己的能力意圖成功，沮喪的小孩已經不能再拼命了。

這個訊號表示外在的協助已經到了極限，應該盡快進行治療。時間支配法和壓力減低法等計策而今已失去作用，沮喪的孩子感到悲傷與「冰冷」，他們的感情冷淡，或可能全然感覺不到任何情緒。

這種類型的沮喪彷彿「江郎才盡」，如同形容有些人的情況，包括學校的教師和窮途末路的機關行號負責人。治療的辦法應該是相同的，都需要立刻暫停所有無關緊要的活動、放慢腳步做些看得到成果的活動，並且至少接受短期的諮商或心理治療。兒童在心理治療時可以討論情緒或說出所缺乏情緒。在治療的過程中，通常需要家人或朋友一起參與，共同幫助這個兒童建立一個嶄新、可掌握又有成果的生活形態。

存在式沮喪

另外有一種類型的沮喪叫做早熟存在式沮喪，這種類型的沮喪或許是資優兒童所獨有。當資優兒童或青少年接收噩運資訊的能力超過自己的理解力時，這種沮喪就會發生。例如一個六歲的兒童看到報紙或雜誌上報導暴力與戰爭、污染與貧窮，他或許看得懂這條新聞，可是沒有能力為此做出任何的事。

這種類型的沮喪也可能因為從事的活動要求心智更加成熟而發生。有個聰明的女孩在當地的動物庇護所幫忙，她工作起來很有效率，所以被賦予空前重責。她的責任後來也包括幫助貓、狗安樂死。有人聽到這個十二歲女孩說：「我看到太多的死亡。」

生命的意義、死亡的必然、世界末日的開端，所有這些議題都可能引起企圖理解的兒童產生沮喪。一個腦筋仍然兩極化的年輕孩子以絕對的態度觀看世事，像是與非或善與惡，在看到或聽到根本沒有是、非答案的問題時，可能因此而困頓。

這些不是造成沮喪的唯一因素。如前所提，環境也可能引起悲傷和乏力，這才是兒童沮喪最普遍的成因，也是需要專業援助的地方，因此，除非沮喪的原因十分明確，你應該考慮諮商。

克服資優問題

資優兒童有許多挑戰要面對。我們無法在這一小本書裡全盤地討論這些挑戰，只能在此談論一些最常見的問題。簡而言之，克服資優問題的意思是能夠：

- 明白自己與眾不同的地方，也承認與人相同之處，這樣就能通曉如何以少數資優的身分在人數眾多但潛能較差的大眾中自處。
- 懂得如何接受與給予批評。
- 能夠容忍自己和別人。
- 能夠明白每個人各有優、缺點。
- 培養某些技術，讓資優兒童可以更進一步增進智力與發展情緒。

這些資優兒童的需求不能憑兒童一己之力辦到。因此，他們需要能夠體諒的成人給予協助，特別是父母與老師，也因此下一章要討論這方面的事。

GIFTED

第五章

家長面臨的挑戰

我在想，是否有家長在看這本書時覺得奇怪，因為他們的子女似乎半點也沒有這些「挑戰」的跡象。或許你懷疑自己的孩子根本不是資優，因為他們看起來似乎不大在意成績或不認真唸書，也不特別敏感，總而言之，他們看起來跟你看過的普通孩子沒有兩樣。

請放心！假如你的孩子被學校和專家評為資優，他準是資優。許多資優兒童風平浪靜地渡過一生，不曾有過任何「問題」。另一個理由可能是他還小（至少心理方面如此），還沒有成熟到開始發揮既有潛能的地步。有時我擔心我們把資優兒童可能會面對的困難與「問題」列舉得過分詳盡，還不時地加以談論，造成印象中這些問題普及的程度超過實際的情況。但是，我們不得不討論這些事情，因為這些問題一旦干擾家庭，你不得不尋求外援。不過，假如你的家庭好像沒有受到什麼影響的話，就請安享太平，別人會羨慕你們的。

相當多資優兒童的家長認為家中有一個（兩個或更多）資優兒童是件樂中有苦的恩典。這些資優兒童在嬰兒期間活動量超大（包括不怎麼需要睡眠），讓父母跟著勞累，而且還一直需要刺激。等他們長大，競爭的天性、爭辯的特質、理想主義、完美主義等都只不過是他們特殊個性中的少數特質，卻足以使父母處於疲憊的狀態。信不信由你，有的家長還搞不清是否該認定他們的子女為資優。

更糟的是，做為資優兒童的父母似乎難以從社區中得到支助。你想一想，資優兒童的父母得在下班後去學校走一趟或進校長辦公室，只為了說：「我認為我的孩子可能是資優，他需要特別的教育。」這麼做有什麼樂趣可言。太多的家長都聽到客套的回答：「是的，胡先生，胡太太，我們學校的每個家長都認為他們的孩子是資優。」

有多少家長去拜訪老師，還努力地解釋自己的子女有多麼敏感，結果碰到老師擺出態度表明「我是這方面的專家」。這真是非常地可悲，我們的老師不都是紮實地受過優良的訓練嗎？不都是關愛兒童的專職人員，竭盡心力且因材施教嗎？這表示資優兒童普遍缺乏支助，而且實際上老師幾乎沒有這種的訓練課程可學，絕大多數的情形是上課時馬虎地提過資優兒童的情形。

因此，我同意有人說當資優兒童的父母有時比當資優兒童還要辛苦，孩子至少還有家長給予支持和打氣。家長也需要有人為他們打氣，還需要有顧問供他們諮詢，這些顧問必須了解兒童、教育制度、家長的憂慮，以及做為家長需要如何扮演這個角色。

覺得愛莫能助

當父母知道自己的子女是個資優兒童，或甚至早在評量前子女已經開始顯露「不同」的跡象時，家長就極欲知道自己是否具備足夠的能力去滿足子女的需求。這樣的家長道出一個事實，說明他們的問題是由許多因素綜合而成的。其中有些來自對資優的不實幻想與誤導，這種因素最常引起別人明目張膽或暗地裡敵對他們。此外，造成問題的原因還有缺乏現有的資料、指南以及財源有限。培育資優兒童是件昂貴的差事，因為他們的特殊才能需要設備輔助或經年累月地長久學習。

家長角色的問題

一開始，我要針對家長在資優子女的發展上所扮演的角色，先舉出一些常見的問題，並且試著簡單回答。

子女入學之前，在家裡最精通什麼？

多數的家長自然地會為家庭布置個好環境，這個環境少不了配備所有合意的東西，像洗衣機、電視機、冰箱、錄影機、電腦，或許還有汽車。然而，家庭生活真正最重要的地方，卻在培養智力與體能所需要的關懷與分享這兩者的品質上。

讓兒童在家裡學得最多也是最好的方式，似乎就是鼓勵獨立與創造。最恰當的辦法是家長把構想與選擇的可能性說清楚；允許子女有自動自發的機會；鼓勵子女參加學習的活動；容許他們探索、爭辯以及用不同的觀點去尋找解決的辦法。獨立也包括讓子女面對他們自己的行為後果而且不過度保護。這樣的教育方式可以調教出主動進取與口齒伶俐的兒童，他們會用肯定且專注的方式去學習，也會受到老師高度的讚許。

奉獻時間

就一般而言，把你的時間給子女，比把最昂貴和最精緻的玩具給他們來得重要。適時回答問題和解釋每一件事情的始末，勝過給他們買一整套高價的參考書。幫助一雙極欲學習的小手熟悉運作一種動作、給一對靈敏的耳朵聽一個個的故事，雙方還邊談邊讀，贏過電視、電腦軟體挖空心思所製造出來的一切怪異娛樂。所有的書本與設備遲早都會派上用場，可是，對自己的子女而言，要有正確的優先次序，尤其是當他們還十分幼小的時候。所以，請奉獻出你的時間。

重點

請務必記得我們所談論的是以兒童優先，然後這個兒童正好是個資優兒童。不要看到子女的心智能力遠超過那些同年齡的孩子，就以為他跟別人不同，他仍然會在許多方面表現得像其他的孩子。所以當他哭泣的原因跟別的兒童相同時，不要驚訝或懊惱。此外，有時他會亂發脾氣，因為他畢竟是個孩子。別期望他們能夠出口成章、言之有物，資優兒童也會談些孩子氣的話題，也會提一些孩子氣的問題。再者，資優兒童像所有孩子般需要你給予同樣的愛與指導。

何種父母最會栽培或糟蹋子女？

許多潛力被埋沒的資優兒童來自不幸的家庭，家裡有不合理的家規，執行起來還前後矛盾。這個訊息是要你善於分配時間，尤其是在子女年幼的時候就準備妥當地付出時間、前後一貫、溫馨、人道而且在子女成長的過程中給他們機會。我曾經說過，物質的重要性比不上你所奉獻的優質時間，你或許會問：「要給他們什麼樣的機會？」在還沒上學以前，通常重在簡樸，看著孩子在海邊或湖畔撿石頭或貝殼，玩賞它們的質地、顏色、花紋，把它們排列整齊、分類、挑選和丟棄；看他觀察一隻螃蟹、研究它移動的方式與身體的結構，他對螃蟹感到興奮、好奇，有點害怕那對會夾人的鉗子，不過卻渴望有更多發現。

融入他們的世界

敏感的成年人會用夥伴的立場跟子女相處，不會做冗長地解釋或發表長篇大論，或者反覆嘮叨，但是會答覆問題、把注意力導向有趣的細節並且提供幫助。誠實是非常重要的，「我不知道，但是我們可以用心去找」是一句答覆問題時可以接受的答案。若是裝模作樣，以為小孩年幼可欺，結果遲早會被拆穿，反而失去子女對你的信任與信心。反應過度也會引起子女日後避免表示興趣，沒有人會喜歡每件事都聽到長篇的大道理，即使好奇心最強的孩子也會對過度熱心地諄諄教誨感到厭倦，所以一定要曉得他們的興趣所在。

環顧你的周遭，並且經由子女的眼睛再度欣賞這個世界，觀察他們發現了什麼，同時準備好去滿足他們的需求。備妥有清晰插圖且可隨身攜帶的書籍、畫圖材料、剪刀和黏膠、放大鏡、盒子與容器，以備不時之需，並且提出分享的建議：「我們要不要收集……？我們要不要做……？你可以用我的……或許我們可以找……看！我們找到了……」並且自問：「假如……會有什麼樣的後果？可能會發生……？如果你用別的方式去做……？為什麼這樣做行不通？」

再來，當你的耐心已經快要耗盡而且真的受不了時，不要因為選擇中止或要求暫停而有罪惡感。兒童需要學習了解別人的觀點，也需要學會限制自己的要求以配合別人。

當孩子放學回家時顯出挫折、無聊或生氣，正找機會放鬆時，就讓他們紓解壓抑的挫折。如果不是因為做錯事要求同情，他們會尋求諒解，並且注意你的反應。你可能快速地興起保護的衝動，打算為子女的苦惱討個公道，這時重要的是，在沒有搞清楚雙方說詞之前，別急於闖入。資優兒童特別容易學會操縱成人和玩借刀殺人的把戲。你如果容許他們這麼做，他們就會不再尊重成人的意見和接受社會的規範，因此要務求公正並且幫助你的孩子明白別人的觀點。

我該如何幫忙孩子？

資優兒童認為父母在他們發展興趣上是個強力的支柱來源。兒童拒絕父母幫忙的情況極為少有，然而，幫助與干預卻大相逕庭。協助完成一個計畫，不等於接手或掌管，因為這麼做會引起孩子對自己的能力喪失信心，變成凡事依靠你的幫助或懶惰，不肯親自動手，而看你多麼地心甘情願去做這些事！

最理想的處理辦法是等待和回應求救。願意分享看法、回應可能的解決之道、激盪腦力去思索主題或文章的內容等等都是正向的支持。堅持採納和實施自己的主意則不然，代寫許多詩篇去參加比賽不屬於幫助；強迫一個孩子依你的好惡背誦給大眾的講稿並非支援；考前替孩子猜題不算幫忙。倒不如對抑揚頓挫和押韻提出建議；為子女對所發表的演講效果做出正、反兩面的批評；建議準備考試該唸的範圍。這樣做，你就能提供珍貴的回應而不至於插手介入。始終讚美他們的作為也沒有什麼幫助，正向的批評才是重要的，再者，資優兒童需要學會接受批評。他們之中有許多的人覺得難以承認失敗，或無法聽取別人對本身作品的批評。他們需要學習用正向的方法對別人的工作提出批評，你可以在這個地方以身作則。

為了試著周全地提供孩子可能會需要的東西而輕易妥協，無論在哪個特別時期都不是個好主意。聰明的兒童懂得如何談判和討價還價，以獲得他們需要的東西，不過，假如父母過度縱容，步步退讓，那麼隨機應變的藝術和尋求變通的挑戰將會化為烏有。再精良、昂貴的設備都不能把他們的思考技巧推展到特別的敏銳或增進成績的水準。

當家長比子女更投入一個作業時，校方會很快地察覺，老師樂意看到的作品是學生有想像力而且用某種形式把自己的想法呈現出來，卻不願意收到一件美麗的家長作品，這件作品連小孩子本身都不會解釋，因為他幾乎沒有在這件作品插過手。假如你真的要幫助你的孩子，就要聽從他的意見；你可以幫他照相卻一定要他當導演；可以替他寫標題（假如他還太小，不會寫字），但那個標題可要出於他的主意，以及諸如此類的幫忙。

下面的故事歌頌創新與重點！

有一個市政府為小學生舉辦一場服裝構想比賽，用以提升環保意識。這場比賽訂在放學後的一個下午舉行，參賽的兒童必須穿上代表某種園藝的衣服。恬蓓的媽媽不僅好勝心強且全神貫注地打算幫助自己的孩子。她花了一整個早上做代表樹的衣服。這件衣服加了樹枝跟粉紅色花朵做裝飾，看起來頗為美麗，她也為了這件衣服花費許多錢。恬蓓放學回到家時看到這麼漂亮的衣裳，高興得不得了。

她的朋友大衛就相當地擔心，他的媽媽說要幫他想辦法，卻顯得心有餘而力不足。只剩一個鐘頭就要開始比賽時，他還在花園與車庫之間徘徊，尋找靈感。

十五分鐘後，他一切就緒。當晚，他還光榮地展示贏得的獎狀。他的「服裝」是個麻布袋，上面剪了一些孔，讓手、腳伸出，而且在開口處有些細嫩的枝椏萌起，事實上是他把嫩枝綁在脖子的周圍，他飾演的是一袋堆肥。這種創新的表現贏得勝利。

就一般而言，容許子女獨立擬定計畫和完成家庭作業的家長都對自己的職業感到有趣與滿意，並且認為學習本身就是一種樂趣。對子女而言，他們是重要的角色模範，讓子女日後成為有成就的人。

重點

別過度填塞資優子女的智力胃口。他沒有必要成天為一些特別的精神或體力活動而勞碌奔波，給他們時間去凝視天空、思考、作夢，鼓勵他們玩耍和放鬆，做些有趣的事，只為玩樂而不是為了磨鍊心靈或協調身體。你不要認為對他有益就逼他參加運動，你的子女應該要像所有的孩子一樣，可以自行選擇活動。

哪種父母「最好」？

在這裡，我只能跟大家分享一些研究成果，這些研究針對四種類型的家庭，觀察這些家庭的青少年，在適應與能力上有何不同。

威信型父母　特徵是充滿溫馨與控制。這種父母養育的青少年有最好的學業能力水準、高明的人際手腕，並且少有行為問題。不過，這種類型的父母似乎培養不出有創意的孩子。

專制型父母　特徵是溫情淡薄，卻管教嚴格。這種家庭培養出的孩子行為端正，對學校持積極的態度，不過，能力與人際手腕比那些威信型和民主型家庭的兒童較為低落。

民主型父母　特徵是高溫情和低控制。這種家庭的青少年有比較優秀的社交能力和更明確的自我觀念，而自信是指這些兒童比較肯冒險去嘗試新的東西。

疏忽型父母　這種類型的家庭特徵是溫情與管教都淡漠，所培養的兒童能力最差，而且有最多的問題行為。

雖然威信型父母似乎最理想，但倘若你的形態不同也不必加以調整（縱然難以想像當個疏忽型家長是否感到快樂）。家長與子女的個性跟其他因素各有其影響力，此外，研究不同類型父母的研究員認為保持自己的形態比擔心形態本身來得重要。

多少家庭刺激才行？

家庭刺激並不是意謂昂貴的器材或玩具。刺激兒童的意思是帶他們跟你學習事務，跟嬰兒互動頻繁的父母最常先發覺子女長大後會成為資優。除此之外，對於要多少和要用哪種的家庭刺激才合適或正確，許多家長都沒有準則。就像我先前說過的，唸書給子女聽、買書給他們或帶他們去市區圖書館，談論、解釋和回答他們的問題，這些都是正確的。可是，多少會變成過多？什麼時候刺激會變成「強迫」？威脅何時會變成「心神耗盡」？

或許你可以從已經完成的研究找到答案，研究發現快樂且有成就的資優兒童，他們的父母經常用**回應**的方式而不是嚴格控制。他們回應要求或觀察子女的需要，並且支持與鼓勵他們的活動，而不是一直說服子女去參加他們所認為應該參加的活動。確實的情況似乎是讓子女領著你，而非由你擬定一個行動計畫去發展智力。

成功的家庭

有個特別的研究詢問上千家適應力強的資優兒童家庭，要這些家庭列出他們在家裡用什麼方式教子女最有效。結果，最常被提到的活動是一起閱讀。說實在的，在我參與資優兒童的工作中，這種家庭最普遍的活動是兒童早期持續實施睡前說故事時間。其次是持續鼓勵和讚美子女的成就。其他經常提到的活動有對談、參加社區活動跟問答問題。這些活動當然不是出於強迫子女，不過，假如父母確定子女幼年所參加的活動都是有趣的，子女會在日後更願意聽從父母的建議。

其他的研究顯示，家長要用強烈的家庭價值、明確的行為標準，並且以身作則，做個好榜樣帶領子女「健全」發展。彼此的信任與滿意，包括伯、叔、姨、姑、祖父母等家庭成員的精神支持，鼓勵好奇和主動探索，對子女存著高期望，鼓勵自動自發，表揚創意與智力的探索，優質的相處時間和溝通，以及幫助子女相信他們的夢想，這些全都是好家長會做的事。此外，他們還會暫時停止活動去觀賞浮雲飄移或甚至什麼都不做，光是做夢。

因此，按照研究成果的作法，如果子女想要也喜歡有刺激的活動，就試著提供給他。假如你跟孩子雙方都玩得開心，那麼這種活動就不可能有害。換句話說，不要把不必要的「加強」活動硬塞給你的孩子。這種加強的主意應該包含所有的家庭成員，不可以專對一個孩子的需要而實施。每個人都需要充電與提神，何況這不應該是種義務，而是一種給全家人的放鬆機會。

我的資優孩子要求太多且需要時常刺激——我好累！

有些資優兒童似乎為了得到關注與娛樂而索求無度。他們從不休止，通常只短暫地睡一下，所以父母變得很累，他們的生活習慣受到干擾，再也沒有固定的家庭作息時間。

有時這種情況似乎從出生時就發生，貫徹整個嬰兒期，直到該上學的年紀。有位媽媽回憶她的長子前十二個月的生活：

> 他打從呱呱墜地就哭個不停。他會哭上一整天，還經常持續到夜晚。我怎麼做都似乎無法使他安靜或把事情擺平，我嘗試讓他獨處、抱他團團轉、餵他、逗他、帶他出去散步，可是都不管用。剩下的時間裡，只要他一睡（其實他睡得很少）就天下太平。我怕他醒來，我肯定鄰居都認為這全是我的錯、我不稱職。到後來，我幾乎開始厭惡這個孩子，我經常認為我會瘋掉，也會去傷害他。我真的希望我沒有生他。

我知道你們之中有許多人有過不同程度的這種經驗，所以能夠體會這位媽媽的心情。縱然你已經照料所有明顯的可能因素，如餓、痛或一般的不舒服，這個孩子還是哭個不停，你要怎麼辦？這時你可要認真地思考下列的情況：

刺激過度

非常敏感的嬰兒很容易受到聲音、視覺與觸感的干擾而變得刺激過度，或疲憊不堪。愈是敏感的孩子，痛的感受就愈尖銳。假如一個嬰兒經常地哭鬧，他可能是受不了噪音和震動，輕搖和擺動都會把事情弄得更糟。紮實地把他裹在布巾裡，在一處安靜的地方平心靜氣地坐著陪他有時反而有幫助。緩慢而溫和地擺動能夠安穩情緒，不然就輕撫嬰兒的背部和四肢，以嘗試減輕嬰兒收到的感官輸入。

日後，當他長得比較大也比較壯的時候，非常敏感的孩子會比別人更快精疲力盡。他可能看起來面目猙獰，兩手亂抓，易於沮喪。再次提醒你，要認真地從過度敏感的角度去看待這種行為，並且試著去除超出的壓力。

刺激不足或厭煩

一個急切而敏感的嬰兒會想探索世界，變動才會引起這種嬰兒的注意。有個辦法是在他的小床或搖籃上懸掛會動的物體。製作的時候，不要光嘗試引進顏色，也要注意到材質，像錫箔紙、光面紙、閃亮金飾、彩球、鈴鐺，事實上任何能夠抓住光線與微風的東西都行。

另一個辦法是在房間裡到處移動嬰兒的床位，找出不同的效果；在牆上或天花板上貼些圖畫或各式各樣的形狀與圖案；還有，在窗前懸掛風鈴，製造動作與聲音的變動。

早期的爭權現象

下個階段會出現許多的問題，是所謂的外傷期，大約發生在三、四歲時。這個時期通常令所有父母感到棘手，當子女察覺到自己的能力增強，就想獨立及開始挑戰父母的權威。這是個說一大堆「不」和亂發脾氣的時期，孩子在慾望強烈卻不能馬上滿足而橫生挫折時，經常被自己所感受到的情緒力量嚇住。

其實這個孩子最需要的是證明這個世界是安全的，父母仍舊是有權且安全的保護者。為人父母者一定要用行動向子女再度保證，無論他們如何生氣或如何感覺惡劣，這個世界永遠不變。這些界限一旦測試過而且證明無誤，這個孩子便會安心地繼續探索。

資優兒童在這個階段中，最主要的問題之一是父母失去威信。瞥見父母的可靠形象似乎有點動搖時，小孩子心裡不能忍受父母的脆弱。有的青少年記得這段噩夢期，談到他們故意用智力去勝過父母，也談到對父母的驚慌與迷茫感到輕蔑。這些年輕人說，他們驚訝地發現自己有能力操縱成年人

（這點已經成功地做到），也發現他們自己的恐懼。

假如成人能夠簡單明瞭地對子女說：「我懂得你的感受，但是我要告訴你，這是正常的現象。」這麼做會使子女覺得更加安全與舒適。對兒童而言，重要的是父母腦筋清楚地做他們覺得正確的事，什麼將會發生，何時與如何發生，平靜卻果決地秉持信念貫徹始終。

兒童需要堅定的處理方式，資優兒童對這種要求當然也不例外。事實上，因為他們敏感的特質，這樣的處理方式更加重要。

如果子女讓你忙不過來，你可能需要幫助，檢討處理子女的方式。或許你需要學會堅定地要求屬於自己的時間，跟訂出子女的作息表，這樣他們會知道某些特定時段是成人的放鬆時間，不可前去打擾。

管教資優兒童

管教問題對許多資優兒童的父母來說是件困難的事情，因為這些孩子有時會相當地厚顏與傲慢。

聰明的辦法是運用子女的優點避免事情發生，而不容許挑戰權威成為家庭裡經常發生的爭端。例如，資優青少年通常有強烈的正義感，對特定家務的民主措施也有良好的回應。這個意思是說，他們重視決策過程中能夠發言，而且他們之中有許多的人偏向厭惡專制型父母。幸運的是，多數的資優兒童家長傾向跟子女講道理，而不至於動用懲罰和其他的外在權力去處理事情。

我說幸運是因為無論你們的家庭文化為何，這些兒童都不會輕易地接受一種觀念——認為成人有比較大的權力，也就可以享有更多的權利與特權。「尊重你的長輩」這種說詞或許能驅使一些人含怨而暫時就範，卻全然得不到這些青少年的尊重。

這並不意謂子女可以當家做主。我跟家務權限掌握不清的家庭談過，也見過兒子或女兒的變得有攻擊性，若是父母任何一方膽敢企圖管教他們。我解決過許多十來歲兒童的問題，他們總是故意破壞任何制定的做功課時間。假如你的孩子看起來像這樣，這時你要用心控制情況。

權力不平衡發生在父母、老師沒有制定規則或設定範圍，沒有始終如一地執行既定規則。子女開始試探自己的權力界限，終於得寸進尺，控制了家庭或教室。

權力問題

基於多種不同的理由，父母與資優子女之間發生權力爭執比其他的家庭頻繁。理由之一是這些兒童非常有自信。另一個理由是他們有高超的推理能力，讓他們有辦法反駁你的辯詞。資優兒童會在他們覺得缺乏權力或不被尊重時設法操縱你。因此，嘗試建立起一套權力平衡的家庭制度是重要的，如此所有的家庭成員都能獲得支持與尊重。

家長要負責管理自己的子女，也需要持續維持控制權。

然而，控制並不表示家長在衝突狀態中始終非贏不可，如果打算在整個成長時期和平共處，「不敗」的解決衝突法對家長跟子女而言是個相當理想的可行途徑。

解決問題的不敗辦法

假如由你（家長）決定解決問題的辦法，也由你用說服、權力、權威的方式使子女接受，然後，你贏，這是專制的辦法。另一方面，假如由孩子決定解決的辦法，也用他的力量說服家長聽從，結果這個孩子贏，這種情況或許是在形容一個非常隨便的家長。要調教出平衡且善於適應的兒童，這兩種情況都不理想。

比較有效的解決辦法是以「去權，不敗」方式做根據，雙方都要同意使用這種辦法解決問題。美國的持續馬拉松式政治協商，就是這種辦法的最佳例證！

這種辦法運作起來像這樣：當衝突情境爆發時，家長與子女各自提出可能的解決辦法，每種辦法都從「公平」與「合理的程度」兩個角度去嚴格評估（意思是說你不可以說些像「因為是我說的！」的話）。最能讓雙方都滿意的解決辦法被納為定案。這種辦法的優點是：

- 兒童會主動實行這個辦法。
- 較有機會定出高品質的解決辦法。
- 資優青少年的批判思考技能與解決問題技術可以演練和派上用場。

威信型的作法

你們家的傳統或許不容許這樣的民主作法，不過也沒有關係，因為別的辦法實行起來也一樣有效。

假如你覺得自己已經或正在失去控制權，或者希望如何永不失去控制權，以下六個建議可供參考：

⑴建立規則，清楚地界定在家裡「可做與不可做」的事情。要確定這張列表不要太長，但是應該包括絕不變更的規則：基於安全、保障、和諧等理由而謹慎選擇出的規則。

⑵公正地處理犯規者。這個意思是說要考慮到當時的情況，而且給犯規的人一個解釋的機會。同時，清楚地表達你是負責管理的人，以及你不可能老是十分公平。

⑶用腦筋去做。講道理，但是要讓他們知道你是認真的。表現你的關懷，但不要變成私人批判。

⑷要確定你的孩子明白你不同意的是他的行為，而不是他的本人。表現且說出你仍然關心他。

⑸假如問題發生，願意傾聽外也要折衷出一條解決之道，但是不可以違背原則。

⑹請切記在心，假如控制權喪失，恢復權力就不是一件容易的事。改變行為和執行起來前後矛盾的規則會讓你不得不面對後果，這時唯有記得你確實是為孩子好才這麼做。你或許會有一陣子的困難時期，不過你要堅持下去，家庭氣氛與孩子的行為終究會有良好的轉變。

權力與低成就資優兒童

低成就的資優兒童幾乎清一色在兒童期有過多的權力，有趣的是，那些擁有過多權力去謀求己利的兒童通常覺得自己的權力太少，他們把權力用在操縱父母、逃避責任，而非實際的成就上。

培養自律

管教資優兒童的最好辦法或許是培養他們自律。我曾經多次提到尊重，幾乎所有的兒童都喜歡被尊重。資優兒童由於本身對錯誤有知覺和洞察力，而且明瞭別人和我們的習性，所以感覺到的尊重甚至比你還更為正確。問題是你確實對子女表現尊重嗎？試做下面的練習：

閉上你的眼睛，想像你正要求你的婆婆或媽媽掛斷電話，因為你需要打個電話。盡可能詳細地觀察自己如何做完這個動作。現在，想像你正要求你的孩子掛斷電話，在用字、聲調、面部表情、肢體語言和準備等待的時間上，你觀察到兩者之間有何差異了嗎？

你笑了嗎？假如這樣，毫無疑問地你已經明白我們真的比我們想像的還要不尊重晚輩。這麼一來，你也明白想對每一個成員同等尊重是多麼困難。

真正能夠做到家中權力均衡的好方法是建立與保持一個家庭會議。這個意思是說，家裡的每一個人要為某件事而聚集，這包括只在危機發生時才集合，或有人需要管教、必須建立或改變規則時才集合（要記得，規則必須隨著子女的成長而做定期的調整），每個家庭成員在會議裡都有機會訴苦，要求改變規則或尋求忠告，然後商討如何處理食言或嚴重犯規等問題。

這種會議有許多的優點，例如可以預防不良的行為（因為人們會順從自己曾經參與制定的規則，所以比較不會發生不良的行為），還有別的事情也能一併去除。子女可以在這樣子的會議裡學會協調、解決衝突的技巧，並且學習會議的程序。

會議中也能示範與練習有效的溝通技巧，如果規定表揚和抱怨的時間，會議還能幫助子女建立正向的自我觀念。依照會議的程度，資優兒童從入學前就有能力參與家庭會議，大約在七歲左右就能夠確實有積極的貢獻。

不過我要提出警告，你不要因為心中有怨恨和盤算藉此機會去管教頑童，才突然成立家庭會議。會議應該在成員間無問題存在時才可以成立，因此，讓會議成為家中的固定慣例。如此，會議才能夠在大問題出現時真正的發揮功效。

懲罰

為了竭盡心力培養行為端正與自律的兒童，有些時候是不得不動用懲罰。有些懲罰的辦法對聰明的孩子很有用，像「暫停法」，讓他獨處在一個沒有書籍或電腦的房間裡，以免他在所謂的懲罰期間快活地消遣。另一個辦法是把一些特殊權益取消一段時日，然而這個辦法要有效，首先必須確定被取消的是孩子確實認為的特殊權益。

其他兒童的管教辦法，也同樣可以在資優兒童身上使用。當個資優兒童並不表示你不能修理他，不過，你最好記得，不同的孩子對懲罰的形式有不同的反應，尤其是高度敏感的孩子。

重點

當你的資優兒子需要管教時，就管教他；當他需要被糾正的時候，就糾正他；當他需要指導的時候，也要指導他。不能因為他的智力水準而認為應該給他特別的權益或忍受他的不法行為。總而言之，資優兒童也應該遵守家中其他成員和社區的法令規章。

鬩牆之爭

我知道有的家長不願意承認家中有一個孩子是資優兒童，因為他們害怕這件事會影響到其他的子女。這種憂慮並沒有錯，因為手足鬩牆可能在資優子女的家庭裡發生。

然而切記，競爭與嫉妒的情緒很少發生在有資優子弟的家庭裡，這種情緒問題也已經受到注意，它大約會在五年內消失。

在其他成員都有高能力的家庭裡當個資優兒童，並不會給手足帶來多大的困難，他們之間似乎都能接受彼此的能力而且相互支持。在許多個案裡，兄弟姊妹對有成就的資優手足表示光榮，這種現象發生在他們找到個人特殊且獨特的優點時——他們不論多麼謙虛都會互相幫忙找出他們的天份所在。

很有趣的是，經常可以看到一個家庭裡即使只有一個孩子正式被評定為資優，其他的孩子智商其實也不「低」。至少案例顯示同一個家庭的孩子，他們的智力大致相同（有時智商分數相差不了五到十分），儘管他們各自傑出的項目與志趣可能大相逕庭。這就是家長常說「他們非常不同」的原因。

壓力可能發生在非資優的兄弟姊妹身上，是由於家長全神貫注在一個孩子的成就而忽略其他的孩子，或把他們的成績拿來比較時。這件事也會在學校裡發生——「你是邁可的弟弟（或妹妹），那麼你是不是跟他一樣聰明？」孩子痛苦地不出聲回答。「你不一樣？嗯……那麼……」這一來，非資優的兄弟姊妹就會覺得自己像個低人一等的笨蛋。

任由子女自然相處，他們不會彼此嫉妒。只有在別人持不同的態度時才會發生問題，這層道理相當符合邏輯。兄弟姊妹痛恨一個手足，一定是他太完美，總是被提出來當模範、被滿心歡喜的父母捧為至寶，不公平的比較正損傷著家庭成員的關係。

怎麼辦？

如果你察覺到子女間開始有壓力出現，檢查一下你是否有下列情形：

- 你嘗試用一些有趣的活動讓全家人放鬆緊張的情緒嗎？
- 你特別注意每個孩子的差異和成就嗎？
- 你有跟每個孩子表示他們是個有用的人——絕對珍惜與讚揚每種特質（例如，幽默、靈性、誠實、忠厚、勤勞、關愛）嗎？
- 你是否私下感謝上蒼給你一個資優的孩子，在大庭廣眾前強調每個孩子平等？
- 你是否確定你盡可能地給每個孩子同樣的時間？或

者，你把所有的時間都用在資優孩子的才華上？

▸ 你對待子女是否偏心？

資優兒童在家裡有時也會被非資優兒童嫉妒。活在「能力優秀」的累贅下可能會有非常喪氣與消沉的經驗，那些成為累贅的因素也會同樣地擾人，而且其他的家人可能會使他覺得自己怪異和格格不入，就跟有時在學校裡感覺到的一樣。

重點

和樂地跟你的資優孩子相處，因為他是獨特的，同樣也和樂地跟他的兄弟姊妹相處，因為他們各自有其獨特。沒有必要把大部分的時間花在資優孩子的身上以滿足他的需要，有時他會要求你給他更多的時間與關注，可是，有時他的兄弟姊妹也會要求你給他們更多的時間與關注。不要把資優孩子跟他的兄弟姊妹互相比較，這樣子的比較沒有人會得到好處，還會變成每個人都冒著失去的危險，特別是她的個性。不如讓你的子女知道各自的優點。你可以指引一個孩子，看他跟自己的兄弟姊妹有什麼不同，光就那點而論，他有自己的個人優點，這種性質的比較是積極且切實的。

緊張擴大

除了子女間可能存在的敵對或性情不同，資賦優異的兒童在家中也會因為別的理由而引起緊張。

當父母對資優各有不同的觀點時，緊張就會出現。最常見的情形是媽媽相信子女資賦優異，而爸爸對這種稱呼滿腹狐疑。還有，爸爸傾向把資優看成一種成就，媽媽則從發展差異的角度看待資優。

即使雙親對資優的看法一致，子女間也沒有敵對狀況，家中有個資優兒童照樣會產生緊張。資優兒童的特質，如緊張、完美主義、敏感、好辯，並不侷限於一個家庭成員身上，每一個人多少都會有一些，因此要準備面臨緊張的擴大！有時火花就會爆開。

假如你們是這樣子的家庭，別煩惱，不過要記得各種強烈的情緒都是健康的，澎湃的內心感受與體驗都是情緒發展的正常訊號。

激勵資優兒童

假如你的資優孩子在學校缺乏學習動機又有嚴重的低成就，這時你需要專家的特別協助。低成就的嚴重問題不僅止於學校環境平淡無奇所感到的單純無聊，雖然這種現象不在本書的討論範圍之內，但全盤仔細的診斷愈早做愈好。

我現在要討論的是，如何用積極的方法激起子女的動機，接著要討論如果你的孩子感到無聊，你該怎麼辦。

動機

簡單地說，動機就是願意去做，為了特定原因而有興趣去做，這個原因通常是事務的目標。

資優兒童喜歡學習並且不斷地在學習，即使校方沒有獎賞。我要特別強調你不能把動機用「給」的方式，也不能用推動的方式使孩子「有動機」，動機一定要出自內心。不過，你絕對能提升與支持他們的動機。

培養動機的活動

首先有謀略的家長所提供的教材與活動不僅能刺激與強化兒童，還能激起好奇心與學習的興趣。你現在就可以了解這些作法跟早先「刺激」所推薦的完全一樣。

- 備妥書籍，這些書有包羅萬象的主題與深淺不同的程度。
- 計畫到不同的地方參觀，並且帶他們去圖書館。
- 留些時間用來閱讀。
- 讓孩子應用在學校學到的東西或自己發現的機會。
- 鼓勵子女參加外面的活動。
- 跟子女分享當天的新聞，並且指出那條新聞跟學校的學習有何關聯。

激起動機的態度

秉持下列態度的人通常可以激發孩子的動機：

- 鼓勵嘗試及錯誤。
- 鼓勵新奇的主意。
- 鼓勵孩子訂立目標。
- 鼓勵制定長期的目標。
- 幫助子女認識自己的優、缺點。
- 提出建設性的批評並且讚揚學習的努力。
- 嘉勉成就。
- 鼓勵獨立。
- 熱心且樂觀。
- 提出誠實的評估。
- 家長本身就是成功的典範。說明如何定下與達到目標，並且提到整個過程的感覺是美好的。
- 把子女興趣領域裡的傑出人士介紹給子女認識。
- 把他們的期待跟子女溝通。跟子女說：「你每天晚上一定要唸書」是不夠的，倒不如說：「我期待你每天晚上花三十分鐘專心唸書」。
- 在激發動機上給子女一些「如何做」的幫助。例如，有個男孩喜歡表演，他的英文作業必須跟自傳有關，爸爸建議他錄製一個跟歷史名人面談的節目，由他穿戴整齊，扮演那個名人的角色。這麼完美的作業，當然會得到甲等。

- 他們確定子女有時間去發展與練習成功必備的技能。如果整天都排滿音樂課、運動、雜務和其他活動，即使動機最高昂的學生也難以學習。所以，每天都要留下做功課的時間，最好是有固定的時間並且在固定的地點。

無聊

資優兒童似乎從呱呱墜地開始就巴不得有大量的心理刺激，這樣子的嬰兒會對類似的東西很快地失去興趣而去找尋新奇。卓越的記憶力、超前的發展速度與飛快的學習速度都是輕易且經常看得到的資優信號。

這種現象給兒童入學時帶來大問題，因為他們的學習速度跟大多數同學的學習腳步不一致。除了班上的學習速度問題，他們也碰到教材可能對他們不夠新奇的問題。有太多的年幼資優兒童跟我說過，他們打從心裡厭惡年年都得學習不同的季節，更不用提他們有多麼地討厭被強迫一次次地寫出他們的假日或寵物了。

因此，對這些孩子而言，尤其是在非常年幼時，問題出在以年齡的標準來衡量，他們懂得過多。他們在學校裡發現同學才剛踏出第一步，開始學習閱讀、做算術、吸收或多或少的東西，我們的資優孩子老早就過了這個階段。老師引進一本關於鯨魚、恐龍、蛇等等的新書，會發現資優兒童不僅知道（或已經讀過）這本書，還知道許多別的事情。老師開始講解如何做兩位數的乘法問題，每個人都知道誰會毫不費力地說出答案的類似情形。

這些兒童閱讀廣泛，熱衷傾聽成人（和電視節目）的談話，並且懂得他們所聽到的內容。他們有許多地方是自己學會的，而且以他們的好記性，有許多學校教的功課對他們來說只能算是複習；有些課程所教的知識以他們的觀點來看通常老舊過時。

知道的太多跟懂得太快反而變成是個弱點，造成他們開始感到無聊，還可能成為班上不受歡迎的人物。

資優兒童的主要抱怨

在所有我聽到的家長抱怨中，最常聽到有關資優子女所遭遇的困難，或許可以說是小孩子在學校裡感到無聊。這種無聊如果不是普通的抱怨，就是跟它的後果有關，例如破壞行為、喪失學習興趣、不願意上學、早上經常肚子痛（周末或放學回家時卻從來不痛）、翹課、成績變壞，最後一定會遭到老師的抱怨，甚至連校長都有怨言。

孩子抱怨時，你要怎麼辦？

這裡有些步驟你可以用來避免資優以及「太早知道得太多」的孩子吃苦受罪。

⑴確定他是真的感到無聊，而且以他的能力來看，學校的功課沒有挑戰性。

⑵跟老師討論這件事。你或許會幸運地遇到一位能幹的老師，肯接受挑戰以及在課程進行中加入個別的照顧，用這種辦法試著幫助你的孩子。

⑶盡量讓你的孩子被分配在最適合他的團體裡或進入一所關心資優兒童需求的學校。

⑷切勿拖延時間去為你的孩子爭取到合適的教育。你一旦懷疑你那聰明的孩子在學校裡感到不快樂，就要馬上獲得專家的幫助。如果你有專家在旁（或至少你手上有張紀錄），校方比較會聽你的。

⑸無論你做什麼，假如老師以要求多做幾遍相同的作業做為回應，你要將心比心。資優兒童也是一介凡夫，跟任何人沒有兩樣，而我們之中沒有人會喜歡比別人更勞累。用二十題算術題取代十題，以作為對資優學生的禮遇，讓他們從容地慢下腳步，如此就不會太快做完；指定一個學生寫一整頁報告而不是半頁，看起來不公平，實際上也確實是不公平。絕大多數的資優兒童不會贊成這種「解決的辦法」。所以心中的挫折還是懸而未決。

⑹從另一方面來說，許多資優兒童喜歡展現也願意跟人分享他們的知識。他們喜歡被指定去研究一個主題並且為全班準備教材。這個辦法既有效又積極，可以刺激聰明的學生也可以刺激非資優的學生。總之，教學相長。

⑺老師經常差遣比較聰明的學生充當課堂助教。有的資優兒童喜歡幫助比較遲鈍的同學，其他的則非常厭惡做這種事。有個年輕人得了心理性胃痛，因為他上課時感到無聊，老師的解決辦法是要他在整個上課期間聆聽比較遲鈍的學生唸書，聽那些同學的掙扎聲使他受不了。許多的資優學生不喜歡做團隊作業，因為他們的團隊成員可能過分依賴他們的能力，而且期望結果得到好成績。

我知道調查學生無聊的原因是件非常重要的事，因為我們本身有過這種經驗，當時有個學生在整個四年級期間都被胃痛折磨。

校方不肯聽我們的請求去增加補充教材，或把他從中等程度的班級換到人數較少卻能接受挑戰的班級就讀，或至少跟我們合作（這麼做，他們的老師可能會聽從我們的意見）。這個學生在胃痛難忍時，醫生終於用開刀的方式割掉完全健康的盲腸。這時，我們知道校方不得不徹底接納我們的意見。我們堅持改革，而且成功了。

那就是胃痛事件的結局。在這個學生的整個就學期間，他當然還會有其他的問題需要我們解決，不過，我們至少痛定思痛，無聊對一個聰明的學生會有什麼樣的影響。

⑻如果你遇到不合作的學校而且沒有變通的餘地，就要試著幫助你的孩子明白其間所涉及的困難，跟他們討論這件事情並且解釋服從基本條文或規章的重要性。在此同時，誠懇地支持他，也為他尋覓校外的機會以培養興趣、會見志同道合的朋友。

⑼不要用學校的教科書去教你的孩子，或搶先教子女老師即將要上的課。要為你的孩子介紹特殊的嗜好，鼓勵他們培養嗜好，讓孩子閱讀不同類別的書籍並且使用公共圖書館。

⑽對於年紀較大的孩子，圓融的應對之道、外交手腕、日常禮儀等課程尤其有用。你要幫助他們明白在同學或訪客的面前公然舉出老師的過錯和造成老師尷尬，是非常不禮貌的。孩子在學校感到無聊是沒有辦法解決的，不過，你可以跟他們解釋生活的真相，藉此幫助他們應付無聊。

⑾很少有這樣的孩子只為了感到無聊就「翹課」或打算退學，這種孩子通常沒有什麼動機也沒有人生方向。據我們所知，兒童能夠完成繁瑣的工作，是因為他們對正在做的事懷有目標或決心。小孩子需要懂得惟有在我們學會處理花刺的時候，生命才會像一座玫瑰花園。無聊的學校課程可以用

家裡有趣又有意義的活動來平衡情緒。

⑿跟學校裡適當的負責人談話永遠是有幫助的，從老師開始約談，然後依序向上。總而言之，要支持與援助你的孩子，並且不要對私心太重又無惻隱之心的官僚提你的孩子。另一方面，假如你是個野心過度的家長，不肯接受合作也不聽從專業的學校人員所給的忠告，你就會造成孩子不快樂，甚至失敗。

⒀切記，感到無聊的另一個原因是功課太難或有些東西還沒有搞清楚。無論資優與否，你的孩子都有可能對某種課業感到困難。誠如第三章所提，學習困難在資優兒童裡也很普遍。因此，要確定「不懂」並非低分數的原因，要孩子解釋是否缺乏興趣或不喜歡老師。

給家長的建議

在一個特別的調查裡，要求美國的資優青少年列出父母給他們的關懷中，哪些他們最感激。從答案中歸納出幾個主要項目，顯示這些孩子重視：溫暖與親切、尊重、誠實、支持他們的興趣、有培養獨立的機會、明白他們的情緒需求，以及激勵的家庭生活。

下列的指導簡單扼要，是為資優兒童的父母所寫的。

- 用成人的口氣跟他們對談，但是不要把他們「成人化」。你不能期待他們成為小號的成年人。
- 為每一個孩子安排固定而密集的單獨相處時間，這樣做，他們就不必老是爭相博取你的注意。

- 劃出適當界線，如此一來，成人才會有鬆口氣「成人時間」。
- 大聲地唸書給他們聽，即使他們已經大到有能力自己閱讀。
- 讚美他們肯冒險而不選擇萬無一失的成就。這樣做會使他們更能面對失敗，還能幫助他們記得你愛的是他們而不是他們的豐功偉績。再者，因為所有的冒險需要有人支持，也因為資優兒童比別人更願意承擔智能上的風險，所以他們需要別人讚賞他肯嘗試。你要教他們「失敗為成功之母」。
- 跟他們講道理而不要訂出專制的規則。給他們選擇的機會，引導他們的公平感。
- 私下管教他們，不要公開指責。
- 避免諷刺。
- 避免比較——比較會招致競爭。
- 盡早讓他們承擔責任，然後逐漸在他們有能力完成更多的工作時增加工作量。
- 讓他們找出自己的工作方式。容許他們犯錯。避免批評或不必要的修正，免得引起他感到尷尬。
- 培養他的創造力。鼓勵他們發揮想像力並且跟他們談他們想像的朋友，陪伴他們玩想像的遊戲和幻境。
- 讓他們有機會經常接觸到其他的資優兒童、年紀比他們大的兒童和能夠激勵他們的成人。當年齡增長時，要留心尋找肯幫忙的成人，他們或許可以做為孩子就業指導的良師或單純啟發孩子的靈感。

- 幫助他們學會待人以禮的人際手腕。
- 幫助他們對自己的感覺有信心，即使他們的想法與眾不同。
- 撥出時間聽他們說話。資優兒童比誰都需要專心的聽眾。
- 隨時傾聽他們的問題。不要認為你必須知道所有的答案，最好改問「你認為怎樣？」以此鼓勵他們自我評價，並且藉這個機會幫助子女學會找資料的方法以及跟他們一起查看參考書，從中尋找答案。
- 不要打算把內向的孩子塑造成外向的人。
- 接受事實上有的孩子興趣不多，而有的孩子興趣寬廣。這兩種類型都是世界需要的。
- 舉行家庭會議，這樣他們才會有機會參與，共同做出決定。
- 不要期望他們的生活會跟你的如出一轍。每個孩子都是獨特的。
- 不要給他們安排太多的活動。允許他們有時間思考、玩耍、做白日夢、當個孩子（青少年）。
- 不要把他們寵成嬌生慣養，或不求回報。要教他們如何付出。
- 嘉勉他們本人而不是他們所做的事。
- 你的期待要切合實際。

- 鼓勵他們自律。
- 不要企圖抑制他們的完美主義或敏感，倒不如幫助他們掌握這些特質。
- 不要鼓勵他們隱藏自己的能力。
- 當他們的擁護人，支持他們有權做他們自己。如果你需要幫助，懇請專家就這件事情支持你。
- 不要把他們拿來跟鄰居的孩子相比。
- 不要在朋友及認識的人面前誇大資優孩子的豐功偉業，特別是你還想繼續跟他們來往。你或許可以對他們的祖父母稍微吹牛，但是，即使是親戚也會厭倦聽你老是再三誇獎他們的孫子、姪子或堂兄弟有多麼地聰明。

如果你正在對自己說：「可是我已經全部都做了」，那就太棒了！如果你正對著自己說：「不過，小孩子本來就應該像這樣子扶養」，你的說法半點也沒有錯。資優兒童跟其他的孩子大致相同，他們有同樣的基本需求。再者，這張清單基本的原則是關愛與尊重每個獨特的孩子。因此：

- 最重要的是愛他們並且樂於跟他們相處。

即使你確定自己完全做到上面的指示，你和你的資優孩子可能仍然會在某些地方遇到一些問題。然而，結果多半是你跟你的孩子共同面對問題並且一起想辦法解決。

你並不孤獨

假如你是一個資優兒童的父母，你可能會覺得你需要或想要得到別的家長的支持。你多久沒有出席學校與家長的聯誼會，當個發言人侃侃而談孩子的行為？當整個教室裡的人都點頭示意，同時還會心一笑，你會驚奇地發現有這麼多的小孩跟你的孩子有相同的行為，你也會鬆了一口氣，因為別的家長也正在奮鬥。

我們都喜歡跟別人聚在一起以獲取援助，因此，身為資優兒童的父母，你可能會想要在自己的鄰居、校區或社區內跟別的家長會面。你應該如何進行聯絡呢？這裡有幾個可行的辦法：

- 在當地的報紙上刊登一則小廣告。
- 在超級市場裡貼張便條，懇請別的家長跟你聯絡。
- 假如學校為資優兒童舉辦家庭聯誼活動，要求你的孩子收集其他資優兒童的父母姓名。然後，打電話給這些人，約他們過來喝杯咖啡。
- 請子女的老師或校長提供其他資優兒童的家長名單給你，接著打電話與邀約。
- 如果學校的家長會出版期刊，就問期刊負責人，看他是否能夠在下一期的期刊中為你插入一則小啟示。
- 如果你有足夠的信心，不妨在家長會中站起來當眾邀約。

如果你不想約別人到你的家裡，或許可以經由學校安排在校內會面或約在公共圖書館見面等方式。

假如你約了幾個家長到你的家裡來，要安排人記錄並且寫下訪客的姓名、地址與電話號碼，如此才能夠再聯絡。摘要則能幫助你或團體中的其他人寫出有關會議的短文，稍後可以在校刊、社區報紙或其他刊物中發表。發表時要附上你的姓名與電話號碼或其他家長的通訊資料。其他的資優兒童家長看到文章後，假如他們願意跟你們聯絡的話，才會知道電話號碼。

你應該參加南非的國立資優與天才兒童協會，若打電話到樂活屋（Radford House）可以找到我。樂活屋的電話號碼是：002－27－11478－1864。國立資優與天才兒童協會出版的刊物為「愛學多」（Excedo），每年出版三、四次，專門報導有關資優的新聞，歡迎會員把它做為討論會的話題，共同討論關切的新聞，會見其他的家長或做為南非境內資優兒童家長與老師之間所建立起來的網路橋樑。

結論：有其子必有其父

資賦優異跟家庭有關。假如資優現象在家庭內出現，家中每個成員都會有這種基因。不論資優兒童是否被發掘、確認與鼓勵，資優都脫不了跟家族的密切關係，而資優的特質與需求都會存在而且無法否認。

資優是全家的一種特質，而不是一個孩子的資質跟其他的家庭成員不同，這種說法並不是強詞奪理。父母跟子女的智力通常頗為相當，父母可能在成長的過程中缺乏教育機會，也可能如第一章所說的缺乏輔助的因素，但是潛能還是隱藏在身上的某個地方。

家長有時候會驚訝地發現自己跟子女一樣聰明，有的家長記得自己小時候也有一樣的特質。可是他們的父母疏忽了這樣的信號，造成他們成長期間認為自己怪異或有點「不同」。

當媽媽的人常常不願意承認自己可能資優，她們仍然把資優視為成就，而且假如自己沒有身居要職或在某個領域裡嶄露頭角的話，她們會斷然拒絕承認自己身上的潛能信號。可是，再看一眼兒子或女兒，是否有許許多多的人說過他們十分像你，特別是身為女兒的角色典範，你應該知道自己的能力，否則你給女兒的信號豈不是在說女人不會有優異的天賦。

不要理會「泰特小子」（Little Man Tate）這齣電影中刻板的「閒」慧母親形象，多數的資優兒童家長都具備足夠的智力可以成功地扶養他們的子女。

我把這些觀念留給你，希望你能善加利用。最後，我祝你成功並且高興地看到你的孩子快樂地長大、有成就……而且資優。

從實招來　（凱玲九歲時所畫）

（十分感謝我的女兒珮妮與凱玲提供這個解說圖。）

附錄

特殊能力檢核表

這個檢核表無法百分之百準確地指出兒童的能力。每個孩子都是獨特的，但每個孩子總是多少都會有表中的一些特質，即使他們並不屬於我們所界定的資優。然而，這個檢核表卻能夠幫助家長明白該注意的事——他們可能疏忽的天才或特殊能力跡象。

市面上有許多的檢核表存在。這些檢核表如果太短，就會遺漏太多特殊能力的可能重要跡象；如果太長，通常就難以區分資優與可能介於中等及高程度間的學生。這裡所呈現的檢核表介於上述兩者之間，盡可能包含最常見的特質卻不至於過份仔細。

有潛能的兒童可能會有下列一些行為：

1. 強烈的求知慾：渴望知道每件事的「為什麼」與「如何」完成；提問也尋找問題；不滿足於簡單的解釋。
2. 卓越的推理能力：能夠掌握抽象概念，歸納特定事件，看清事物關聯。
3. 超凡的毅力：斷然把工作做到自己滿意的程度；能夠長時間集中注意力。
4. 思考特別迅速，很快地想出新點子。
5. 能夠輕易地學會：通常在還沒有教完或解釋完畢之前就已經懂了；不必費什麼力氣或不必經過練習自己就會做。
6. 記憶力強：顯然不需要預先學習或複習。
7. 廣博的字彙：通常對文字極為敏感；堅持字意準確；喜歡專門術語。
8. 準確的觀察力：明察秋毫，注意到細節。
9. 有生動的想像力，能說且能做有創意的工作，如繪畫和模型製作。
10. 擴散式思考：傾向尋找不平常的方法解決問題。
11. 強烈的進取精神，喜歡獨立工作。
12. 高度的幽默感，經常隱藏不露，喜愛雙關語。
13. 個人標準訂得非常地高，如果達不到自我要求的卓越就會橫生挫折；驅向完美主義，不會因為別人贊同就心滿意足。
14. 對自己或對別人都一樣沒有耐性；受不了能力比他們

差的人；藐視高聲壓制他們的成年人。

15. 敏感並且有緊繃的行為：快速回應反對者；容易感到挫折；知覺敏銳。
16. 興趣的範圍廣泛：有時會有不尋常的嗜好，而且對此十分熱衷及精通；通常成為精明且投入的收藏家。
17. 知識豐富並且是某種特定事務的專家。
18. 喜歡跟年齡較大的兒童或成人交往；對同儕或他們的興趣感到無聊。
19. 遊戲或團體活動時喜歡指揮別人。
20. 熱衷有關哲理與世界的事物，例如人類的天性、生命的意義、宇宙的概念、以及諸如此類等等。對正義十足敏感。

資優兒童會以令人無法接受的方式展示他們的才華

例如，他們可能會

1. 口若懸河、能言善道，卻寫不出佳作或工整的文字。
2. 靜不下來，粗枝大葉，做白日夢。
3. 三緘其口，不肯透露他們的看法，假裝不知道。
4. 不願意聽從課業指示，偏愛用自己的方法做功課。

5. 對教室內務不熱心；顯得吊兒郎當、不合作或散漫。
6. 銳利地批評，不斷追究理由。
7. 很快地注意到前後不一致，能馬上指出邏輯或資料上的錯誤。
8. 不自在地表達他們對現況的評估與人們所認定的落差。
9. 逃避責任；不願意做團體工作；喜歡跟他們的同黨相處。
10. 組織與計畫能力都不良。

這些行為雖不能做為特殊才能的證據，卻可以提醒家長問清這些行為的理由。通常，謹慎評估後會發現這些孩子是遇到挫折的潛在資優兒童。

國家圖書館出版品預行編目資料

家有資優兒：父母教養指南／ Shirley J.
Kokot 著；許麗美譯.
--初版.--臺北市：心理, 2003（民 92）
面；　公分.--（親師關懷；18）
譯自：Help-our child is gifted :
guidelines for parents of gifted children

ISBN 978-957-702-614-9（平裝）

1. 資賦優異教育　2. 親職教育

529.61　　92014306

親師關懷 18　家有資優兒：父母教養指南

作　　者：Shirley J. Kokot
譯　　者：許麗美
執行編輯：何采芹
總 編 輯：林敬堯
發 行 人：洪有義
出 版 者：心理出版社股份有限公司
社　　址：台北市和平東路一段 180 號 7 樓
總　　機：(02) 23671490　　傳　　真：(02) 23671457
郵　　撥：19293172　心理出版社股份有限公司
電子信箱：psychoco@ms15.hinet.net
網　　址：www.psy.com.tw
駐美代表：Lisa Wu　tel: 973 546-5845　fax: 973 546-7651
登 記 證：局版北市業字第 1372 號
印 刷 者：玖進印刷有限公司
初版一刷：2003 年　9 月
初版三刷：2009 年　10 月

定價：新台幣 220 元　
ISBN 978-957-702-614-9

讀者意見回函卡

No. ______　　　　　　　　　　填寫日期：　年　月　日

感謝您購買本公司出版品。為提升我們的服務品質，請惠填以下資料寄回本社【或傳真(02)2367-1457】提供我們出書、修訂及辦活動之參考。您將不定期收到本公司最新出版及活動訊息。謝謝您！

姓名：____________________　性別：1□男　2□女

職業：1□教師 2□學生 3□上班族 4□家庭主婦 5□自由業 6□其他____

學歷：1□博士 2□碩士 3□大學 4□專科 5□高中 6□國中 7□國中以下

服務單位：__________________ 部門：__________ 職稱：____________

服務地址：__________________________ 電話：_______ 傳真：_______

住家地址：__________________________ 電話：_______ 傳真：_______

電子郵件地址：____

書名：____

一、您認為本書的優點：（可複選）

❶□內容 ❷□文筆 ❸□校對 ❹□編排 ❺□封面 ❻□其他____

二、您認為本書需再加強的地方：（可複選）

❶□內容 ❷□文筆 ❸□校對 ❹□編排 ❺□封面 ❻□其他____

三、您購買本書的消息來源：（請單選）

❶□本公司 ❷□逛書局⇨______書局 ❸□老師或親友介紹

❹□書展⇨____書展 ❺□心理心雜誌 ❻□書評 ❼其他________

四、您希望我們舉辦何種活動：（可複選）

❶□作者演講 ❷□研習會 ❸□研討會 ❹□書展 ❺□其他_____

五、您購買本書的原因：（可複選）

❶□對主題感興趣 ❷□上課教材⇨課程名稱________________

❸□舉辦活動 ❹□其他______________

（請翻頁繼續）

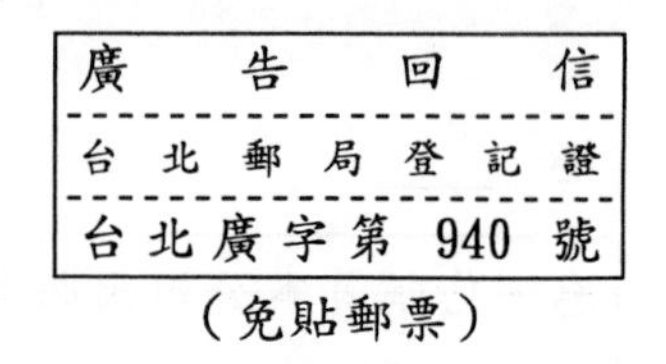

（免貼郵票）

心理出版社 股份有限公司
台北市 106 和平東路一段 180 號 7 樓

TEL: (02) 2367-1490
FAX: (02) 2367-1457
EMAIL:psychoco@ms15.hinet.net

沿線對折訂好後寄回

六、您希望我們多出版何種類型的書籍

❶□心理 ❷□輔導 ❸□教育 ❹□社工 ❺□測驗 ❻□其他

七、如果您是老師，是否有撰寫教科書的計劃：□有□無

書名／課程：________________________

八、您教授／修習的課程：

上學期：________________________

下學期：________________________

進修班：________________________

暑　假：________________________

寒　假：________________________

學分班：________________________

九、您的其他意見

謝謝您的指教！ 45018